广东外语外贸大学2018年度后期资助项目（18HQ06）成果

21世纪海上丝绸之路协同创新中心智库丛书

Guangzhou Jianshe Kaifangxing
Jingji Xintizhi Yanjiu

广州建设开放型经济新体制研究

周骏宇　等著

中国财经出版传媒集团
经济科学出版社
Economic Science Press

图书在版编目（CIP）数据

广州建设开放型经济新体制研究／周骏宇等著．
—北京：经济科学出版社，2019.1
（21世纪海上丝绸之路协同创新中心智库丛书）
ISBN 978–7–5218–0245–0

Ⅰ.①广⋯　Ⅱ.①周⋯　Ⅲ.①区域经济发展－研究－广州　Ⅳ.①F127.651

中国版本图书馆 CIP 数据核字（2019）第 024872 号

责任编辑：杜　鹏　张　燕
责任校对：曹育伟
责任印制：邱　天

广州建设开放型经济新体制研究

周骏宇 等著

经济科学出版社出版、发行　新华书店经销
社址：北京市海淀区阜成路甲28号　邮编：100142
编辑室电话：010–88191441　发行部电话：010–88191522
网址：www.esp.com.cn
电子邮件：esp_bj@163.com
天猫网店：经济科学出版社旗舰店
网址：http://jjkxcbs.tmall.com
固安华明印业有限公司印装
710×1000　16开　12.75印张　210000字
2019年2月第1版　2019年2月第1次印刷
ISBN 978–7–5218–0245–0　定价：49.00元
(图书出现印装问题，本社负责调换。电话：010–88191510)
(版权所有　侵权必究　打击盗版　举报热线：010–88191661
QQ：2242791300　营销中心电话：010–88191537
电子邮箱：dbts@esp.com.cn)

编写委员会

主　任：隋广军
副主任：张　昱　周骏宇
编　委：(按姓氏笔画排序)
　　　　陈龙江　张金艳　肖奎喜
　　　　何颖珊　袁群华　黄亮雄

前　言

　　2017年4月，习近平总书记对广东工作作出重要批示，充分肯定党的十八大以来广东各项工作，希望广东坚持党的领导、坚持中国特色社会主义、坚持新发展理念、坚持改革开放，为全国推进供给侧结构性改革、实施创新驱动发展战略、构建开放型经济新体制提供支撑，努力在全面建成小康社会、加快建设社会主义现代化新征程上走在前列。其中专门提到广东在构建开放型经济新体制方面为全国提供支撑。

　　中共广东省委发出《中共广东省委关于认真学习宣传贯彻习近平总书记重要批示精神的通知》，通知指出：要深刻把握"三个支撑"的要求，作为经济大省、外经贸大省，为全国提供"三个支撑"是广东必须担当好的历史责任和光荣使命。要把供给侧结构性改革作为经济工作的主线，在振兴实体经济、推动制造业转型升级等方面作出表率、发挥支撑作用。要把创新驱动发展战略作为经济社会发展的核心战略，打造国家科技产业创新中心，建设珠三角国家自主创新示范区，加快形成以创新为主要引领和支撑的经济体系和发展模式。要服务国家外交战略，提高把握国内国际两个大局的自觉性和能力，加快构建开放型经济新体制，推动外经贸向更高层次跃升，当好代表国家参与国际竞争的主力军。

　　为了认真学习、宣传贯彻习总书记批示精神，总结改革开放40年来广州开放型经济体制建设的经验，探索未来广州开放型经济新体制建设的路径、对策，广东外语外贸大学广州国际商贸中心重点研究基地组织有关学者编撰了本书。

　　本书是在编委会指导下团队合作的结果，全书撰写分工如下：第一章：周骏宇（教授）、张晶晶（讲师）；第二章：肖奎喜（教授）、袁群华（讲师）；第三章：陈龙江（教授）；第四章：何颖珊（华南师范大学）、黄亮雄（副教授，华南理工大学）；第五章和第六章：周骏宇、袁群华、周胜男；第七章：张金艳（教授）；第八章：何颖珊、黄亮雄；第九章：周骏宇、刘红娟（教授）；第十章：袁群华。

  由于我们学识有限，书中肯定还存在着一些不足之处。请读者多多指正。

编者
2019 年 1 月

目 录

总论篇

第一章 开放型经济新体制的内涵与建设背景 ……………………… 3

第一节 建设开放型经济新体制的背景 ……………………………… 3
第二节 国家层面对"开放型经济新体制"的有关表述 …………… 5
第三节 开放型经济新体制中的开放属性解读 …………………… 11
第四节 构建开放型经济新体制的总体要求、目标与主要内容 ……… 15

历史现实篇

第二章 广州开放型经济的发展历程：1978～2017 年 ………… 21

第一节 开放经济第一阶段：1978～1991 年 …………………… 21
第二节 开放经济第二阶段：1992～2000 年 …………………… 24
第三节 开放经济第三阶段：2001～2008 年 …………………… 26
第四节 开放经济第四阶段：2009～2017 年 …………………… 28

第三章 广州对外开放水平测量：基于经济国际化指标的视角 ……………………………………………………………… 31

第一节 经济国际化的内涵与评估指标 …………………………… 31
第二节 广州经济国际化的进程评价 ……………………………… 33

第三节 推进广州经济国际化水平的方向与路径……40

第四章 广州开放型经济的产业支撑……45

第一节 广州产业结构的演进趋势……45
第二节 广州对外开放的重点产业……52
第三节 以产业为支撑构建对外开放新格局……60

专题篇

第五章 构建广州外贸可持续发展新机制……71

第一节 改革开放以来广州外贸体制变革的历程……71
第二节 广州对外贸易现状分析……77
第三节 构建广州外贸可持续发展新机制……79

第六章 创新广州双向投资管理体制……97

第一节 改革开放以来广州投资管理体制变革的历程……97
第二节 广州利用外资及港澳台资和境外投资的现状……100
第三节 创新广州外商投资管理体制……105
第四节 完善穗企"走出去"管理体制……111

第七章 持续优化广州营商环境……116

第一节 改革开放以来广州营商环境不断优化的历程……116
第二节 广州营商环境的现状……118
第三节 进一步优化广州营商环境的对策……126

热点篇

第八章 21世纪海上丝绸之路与广州对外开放……133

第一节 21世纪海上丝绸之路与我国的对外开放……133

第二节　广州在海上丝路的历史地位和作用 …………………… 140
　　第三节　广州与21世纪海上丝绸之路沿线国家和地区的合作
　　　　　　现状 …………………………………………………… 150
　　第四节　广州与21世纪海上丝绸之路沿线国家和地区的合作领域与
　　　　　　策略 …………………………………………………… 155

第九章　广州南沙自贸片区建设研究 …………………………… 159

　　第一节　自贸区的制度变迁意义：以负面清单为例 …………… 159
　　第二节　南沙自贸片区开放型经济体制建设概况 ……………… 165
　　第三节　南沙自贸片区的发展策略分析 ………………………… 170

第十章　粤港澳大湾区与广州对外开放 …………………………… 176

　　第一节　粤港澳大湾区的构成与内涵 …………………………… 176
　　第二节　粤港澳大湾区融合发展的体制障碍因素 ……………… 178
　　第三节　世界主要大湾区融合发展经验借鉴 …………………… 180
　　第四节　广州与粤港澳大湾区融合发展的对策 ………………… 182

参考文献 ……………………………………………………………… 188

总论篇

第一章

开放型经济新体制的内涵与建设背景

第一节 建设开放型经济新体制的背景

1980~1990年,国际产业转移目标地由"亚洲四小龙"转向中国;2001年,加入WTO为中国打开了更广阔的全球市场。改革开放以来,我国对外贸易、利用外资快速增长,成为拉动经济增长的重要力量,也使我国取得了巨大经济社会发展成就。当前,我国对外开放处在新的时代背景下:

其一,外部需求变化。

肇始于美国的金融危机让整个世界处于一阵恐慌之中,随着经济危机的扩散和蔓延,主要的资本主义国家纷纷陷入企业破产、失业率增加、产业发展缓慢等衰退现象之中。受发达国家经济衰退的影响,国际市场低迷,国内企业出口额显著减少,部分企业倒闭。2010年欧债危机后,世界性需求萎缩,全球经济复苏缓慢,发达国家提出"再工业化"等口号,吸引资金回流,造成我国出口增速进一步变缓,贸易利润减少、贸易摩擦增加。

其二,逆全球化潮流兴起。

在全球化时代,大的进口国(如美国)得到了全球供应的廉价商品,大的出口国(如中国)实现了资本、技术的一定积累和进步。但一些国家(如单纯的资源出口国和处于产业链低端的生产国)或一国内的部分群体(如美国钢铁工业劳工)并未享受到这种红利,从而对全球化表达强烈不满。

2008年国际金融危机后,逆全球化思潮有所抬头。其表现有:一是层出不穷的保护主义。WTO数据显示,2015年全球各国实施贸易保护措施624项,为2009年的9倍。二是国际贸易增速下滑。根据《全球贸易增长报告》,1990~2007年全球贸易年均增长6.9%,2008~2015年约为3.1%。[①] 三是逆全球化势力上台。英国脱欧公投成功,是欧洲一体化的重大倒退;美国总统选举中,保护主义色彩厚重的共和党候选人特朗普当选。

其三,内部要素禀赋发生变化。

金融危机后,国内经济波动更加剧烈,土地成本、工资水平、汇率、环境成本普遍上升,成本优势下降,产业竞争力下降。欧债危机、英国脱欧导致欧元、英镑贬值,人民币相对升值,降低了我国出口产品在国际市场上的竞争力。这些都表明我国原有发展方式难以持续,需要从结构调整和发展方式转型方面着手转型升级。

其四,国际地位发生变化。

1978年,我国经济总量2 141.6亿美元,仅占全球GDP的2.24%;进出口总额355亿元,外汇储备仅为1.67亿美元;居民人均消费365元/人,低于联合国贫困线标准。这些数据到2013年分别是:GDP总量91 812亿美元,增长了42倍,居世界第二位,占全球GDP总量的12.13%;人均消费41 972元,增加了114倍;进出口总额258 168.9亿元,增长726倍;外汇储备38 213亿美元。

其五,承担责任发生变化。

近20年,中国吸收外资在全球FDI总量中占比约为7.6%,中国已连续22年成为吸收外资最多的发展中国家;在外贸领域,中国是120多个国家的第一大贸易伙伴。国际地位的变化,客观上要求我国对世界经济承担更多责任,对国际经济政治秩序的参与要由被动转变为主动,发挥更大的影响力。

---

① 张默楠.打造全球增长新循环[J].瞭望,2016(5).

第二节　国家层面对"开放型经济新体制"的有关表述

一、开放型体制与开放型经济新体制

所谓开放型体制，是指建立与国际经济一般规则相适应的经济运行机制，充分利用国际资源和全球市场，实现人流、物流、资金流、技术流和信息流等要素流的自由跨境流动，推动经济体内外紧密联系。

开放型经济新体制是相对于封闭性经济体制而言的。在封闭型经济体制中，要素利用以国内为主，全球化水平低，经济对外依存度低。

开放型经济处在比外向型经济更高的层次。在外向型经济中，可能存在片面鼓励出口和引资的现象，而开放型经济更强调进出口的平衡，既强调引进来，也强调"走出去"。

2013年，《中共中央关于全面深化改革若干重大问题的决定》提出"适应经济全球化新形势，必须推动对内对外开放相互促进、引进来和"走出去"更好结合，促进国际国内要素有序自由流动、资源高效配置、市场深度融合，加快培育参与和引领国际经济合作竞争新优势，以开放促改革"，对我国构建"开放型经济新体制"做出了重要部署。

国务院总理李克强在2015年十二届全国人大三次会议指出，开放也是改革，必须实施新一轮高水平对外开放，加快构建开放型经济新体制，以开放的主动赢得发展的主动、国际竞争的主动。具体表现为：

推动外贸转型升级。完善出口退税负担机制，增量部分由中央财政全额负担，让地方和企业吃上"定心丸"。清理规范进出口环节收费，建立并公开收费项目清单。实施培育外贸竞争新优势的政策措施，促进加工贸易转型，发展外贸综合服务平台和市场采购贸易，扩大跨境电子商务综合试点，增加服务外包示范城市数量，提高服务贸易比重。实施更加积极的进口政策，扩大先进技术、关键设备和重要零部件等进口。

更加积极有效利用外资。修订外商投资产业指导目录，重点扩大服务业和一般制造业开放，把外商投资限制类条目缩减一半。全面推行普遍备案、

有限核准的管理制度,大幅下放鼓励类项目核准权,积极探索准入前国民待遇加负面清单管理模式。修订外商投资相关法律,健全外商投资监管体系,打造稳定公平透明可预期的营商环境。

加快实施"走出去"战略。鼓励企业参与境外基础设施建设和产能合作,推动铁路、电力、通信、工程机械以及汽车、飞机、电子等中国装备走向世界,促进冶金、建材等产业对外投资。实行以备案制为主的对外投资管理方式。扩大出口信用保险规模,对大型成套设备出口融资应保尽保。拓宽外汇储备运用渠道,健全金融、信息、法律、领事保护服务。注重风险防范,提高海外权益保障能力。让中国企业走得出、走得稳,在国际竞争中强筋健骨、发展壮大。

构建全方位对外开放新格局。推进丝绸之路经济带和21世纪海上丝绸之路合作建设。加快互联互通、大通关和国际物流大通道建设。构建中巴、孟中印缅等经济走廊。扩大内陆和沿边开放,促进经济技术开发区创新发展,提高边境经济合作区、跨境经济合作区发展水平。积极推动上海、广东、天津、福建自贸试验区建设,在全国推广成熟经验,形成各具特色的改革开放高地。

统筹多双边和区域开放合作。维护多边贸易体制,推动信息技术协定扩围,积极参与环境产品、政府采购等国际谈判。加快实施自贸区战略,尽早签署中韩、中澳自贸协定,加快中日韩自贸区谈判,推动与海合会、以色列等自贸区谈判,力争完成中国—东盟自贸区升级谈判和区域全面经济伙伴关系协定谈判,建设亚太自贸区。推进中美、中欧投资协定谈判。

2013年,汪洋副总理在《人民日报》撰文探讨了构建开放型经济新体制的有关问题,① 提出了构建开放型经济新体制的不少重要举措。主要包括:

1. 放宽外商投资市场准入

现阶段利用外资不是简单的引进资金,更重要的是吸收国际投资中搭载的技术创新能力和先进管理经验,这对我国产业结构调整和经济转型升级至关重要。三十多年来,我国制造业的整体竞争力得到极大的提升,跃居全球第一大制成品出口国,这得益于制造领域实行了全面而深入的对外开放。相比之下,我国服务业开放程度低,竞争力弱,仍是经济发展中的一块"短板"。壮大和发展服务业需要进一步深化改革、扩大开放。重点是推进金融、

---

① 汪洋,构建开放型经济新体制[N].人民日报,2013-11-22.

教育、文化、医疗等服务业领域有序开放，放开育幼养老、建筑设计、会计审计、商贸物流、电子商务等服务业领域的外资准入限制。另外，服务业不仅要对外开放，也要对内开放。

2. 创新利用外资管理体制

多年来，我们采取逐案审批和产业指导目录的外资管理方式，同时，在一些领域对内外资企业实行不同的法律法规。这种管理方式的优点是产业政策导向性强，缺点是审批环节多，政策稳定性不足，容易导致"玻璃门""弹簧门"等问题，行政成本和营商成本都较高。而世界越来越多国家采取"准入前国民待遇"和"负面清单"的外资管理方式，将禁止或限制外资进入的领域列入清单，未列入的领域外资均可进入，内外资企业享受同等待遇。这种管理方式有利于规范和约束政府行为，为企业创造一个稳定、透明、可预期的营商环境。我国外商投资管理体制改革的方向，就是要借鉴这种管理模式，最大限度减少和规范行政审批，纠正"重事前审批、轻事后监管"的倾向，赋予各类投资主体公平参与市场竞争的机会。建立中国上海自由贸易试验区是党中央在新形势下推进改革开放的重大举措，不仅扩大了服务业市场开放，而且试行了准入前国民待遇加负面清单的外资管理模式。

3. 改革对外投资管理体制

从贸易大国到投资大国、从商品输出到资本输出，是开放型经济转型升级的必由之路。近十年，我国对外投资以年均40%以上的速度高速增长，累计对外直接投资超过5 000亿美元，跻身对外投资大国行列。但总体看我国企业"走出去"仍处于初级阶段，特别是对外投资管理体制建设相对滞后，不能完全适应对外投资加快发展的新形势，在投资审批、外汇管理、金融服务、货物进出口、人员出入境等方面存在诸多障碍。加快实施"走出去"战略，关键是深化对外投资管理体制改革，放宽对外投资的各种限制，落实"谁投资、谁决策、谁受益、谁承担风险"的原则，确立企业及个人对外投资的主体地位。要"允许企业和个人发挥自身优势到境外开展投资合作，允许自担风险到各国各地区自由承揽工程和劳务合作项目，允许创新方式"走出去"开展绿地投资、并购投资、证券投资、联合投资等"。这是广大企业和投资人的热情期盼，充分体现了国家支持企业加快"走出去"的政策导向，必将推动我国对外投资迈上新台阶。

4. 加快自由贸易区建设

与多边贸易体系的开放相比，自由贸易区有对象可选、进程可控的特点，可以起到以局部带动整体的开放效果。目前，我国已经签署了12个自由贸易协定，但与发达国家相比，总体水平不高、规模有限。今后，我们要继续维护多边贸易体制在全球贸易发展中的主导地位，同时要加快实施自由贸易区战略，形成以周边为基础、面向全球的高标准自由贸易区网络，拓展改革开放和国民经济发展空间。要抓紧打造中国—东盟自由贸易区升级版，进一步提升区内贸易投资自由化和便利化水平；积极推进中韩、中日韩、中澳（澳大利亚）、区域全面经济伙伴关系（RCEP）等自由贸易协定谈判，推动亚太经济一体化进程；适时启动与其他经贸伙伴的自由贸易协定谈判。

二、"经济新常态"背景下的开放

习总书记在2014年经济工作会议和APEC峰会中，对"经济新常态"做了阐述。一是中国经济从高速增长进入中高速增长；二是中国经济结构在调整升级；三是增长动力转换，从依靠要素投入和规模扩张，转向依靠技术创新和效率提升。

在经济增速方面。从2015年至今，中国GDP已连续多个季度平稳运行在6.5%~7%区间内。中国的经济总量已经很大，继续保持粗放型的高速增长，既做不到，也没有必要。调速换挡符合经济发展的客观规律。

在经济结构方面。2013年，中国第三产业增加值占GDP比重达46.1%，首次超过第二产业；2012~2016年，服务业就业人数占比从36.1%升至43.5%；2016年高新技术产业增速明显高于制造业平均增速。

在创新驱动方面。习总书记在前述会议中指出，"创新是引领发展的第一动力。抓创新就是抓发展，谋创新就是谋未来。适应和引领我国经济发展新常态，关键是要依靠科技创新转换发展动力。"2014年我国全员劳动生产率比上年提高7%，单位国内生产总值能耗下降4.8%，经济发展方式正从粗放型转向效率型。

习总书记还指出，"经济发展进入新常态，没有改变我国发展仍处于可以大有作为的重要战略机遇期的判断，改变的是重要战略机遇期的内涵和条件；没有改变我国经济发展总体向好的基本面，改变的是经济发展方式和经济结构。"

"经济发展长期向好的基本面没有变,经济韧性好、潜力足、回旋余地大的基本特征没有变,经济持续增长的良好支撑基础和条件没有变,经济结构调整优化的前进态势没有变。"习近平总书记提出的"四个没有变",深刻揭示了中国经济发展的基本态势和未来趋势。

我国经济发展进入新常态,是党的十八大以来以习近平同志为核心的党中央在科学分析国内外经济发展形势、准确把握我国基本国情的基础上,针对我国经济发展的阶段性特征所作出的重大战略判断,是对我国迈向更高级发展阶段的明确宣示。①

三、供给侧结构性改革与对外开放

2015年12月召开的中央经济工作会议强调,推进供给侧结构性改革,是适应和引领经济发展新常态的重大创新,是适应国际金融危机发生后综合国力竞争新形势的主动选择,是适应我国经济发展新常态的必然要求。

当前,我国社会经济发展存在一些问题,突出表现为供给侧对需求侧变化的适应性调整明显滞后,因而需要推进供给侧结构性改革。要达成这一目标,首先,要做减法,减少无效和低端供给,去产能;其次,要做加法,扩大有效和中高端产品供给,促进要素流动和优化配置;最后,要落实创新驱动,降低企业运营成本,提高全要素生产率。

数据显示,2017年上半年全国工业产能利用率为76.4%,同比提高3.4个百分点。规模以上工业企业每百元主营业务收入中的成本为85.69元,同比减少0.02元;每百元主营业务收入中的费用为7.29元,同比减少0.35元。供给侧结构性改革正在有序推进,取得了一定的成果。

在外贸领域推动供给侧结构性改革。一是要形成外贸新优势。随着我国要素成本逐步提高,传统比较优势逐步减弱,这要求我们从供给侧着手,加快转型升级,培育建立在新比较优势基础上的竞争优势。二是要有国际视野。既要推动产业向中高端迈进,化解过剩产能;又要通过"走出去"等形式将过剩产能转化为优势产能。三是要发展新业态。推动跨境电子商务、市场采

---

① 李文.深刻认识我国经济发展新常态[N].人民日报.2015-6-2.

购贸易、平行进口、融资租赁等新业态发展。四是要降低外贸企业运营成本。通过拓宽融资渠道，提升贸易便利化，降低税费负担等方式降低企业成本，促使其轻装上阵参与国际竞争。

四、"一带一路"构想

"一带一路"（one belt and one road），即"丝绸之路经济带"和"21世纪海上丝绸之路"，是新时期我国提出的一项重大开放构想。丝绸之路经济带重点畅通中国经中亚、俄罗斯至欧洲（波罗的海）；中国经中亚、西亚至波斯湾、地中海；中国至东南亚、南亚、印度洋。21世纪海上丝绸之路的重点方向是从中国沿海港口过南海到印度洋，延伸至欧洲；从中国沿海港口过南海到南太平洋。

2015年3月，国家发展改革委等部委联合发布了《推动共建丝绸之路经济带和21世纪海上丝绸之路的愿景与行动》，其中指出：

共建"一带一路"旨在促进经济要素有序自由流动、资源高效配置和市场深度融合，推动沿线各国实现经济政策协调，开展更大范围、更高水平、更深层次的区域合作，共同打造开放、包容、均衡、普惠的区域经济合作架构。共建"一带一路"符合国际社会的根本利益，彰显人类社会共同理想和美好追求，是国际合作以及全球治理新模式的积极探索，将为世界和平发展增添新的正能量。

共建"一带一路"致力于亚欧非大陆及附近海洋的互联互通，建立和加强沿线各国互联互通伙伴关系，构建全方位、多层次、复合型的互联互通网络，实现沿线各国（地区）多元、自主、平衡和可持续的发展。"一带一路"的互联互通项目将推动沿线各国（地区）发展战略的对接与耦合，发掘区域内市场的潜力，促进投资和消费，创造需求和就业，增进沿线各国（地区）人民的人文交流与文明互鉴，让各国（地区）人民相逢相知、互信互敬，共享和谐、安宁、富裕的生活。

中国将一以贯之地坚持对外开放的基本国策，构建全方位开放新格局，深度融入世界经济体系。推进"一带一路"建设既是中国扩大和深化对外开放的需要，也是加强和亚欧非及世界各国互利合作的需要，中国愿意在力所能及的范围内承担更多责任义务，为人类和平发展作出更大的贡献。

五、"三个支撑"重要批示

2017年4月4日，习近平总书记对广东工作作出重要批示，充分肯定党的十八大以来广东各项工作，希望广东坚持党的领导、坚持中国特色社会主义、坚持新发展理念、坚持改革开放，为全国推进供给侧结构性改革、实施创新驱动发展战略、构建开放型经济新体制提供支撑，努力在全面建成小康社会、加快建设社会主义现代化新征程等方面走在前列。其中专门提到广东要在构建开放型经济新体制方面为全国提供支撑。

中共广东省委发出《关于认真学习宣传贯彻习近平总书记重要批示精神的通知》，要求各地各部门迅速行动起来，认真学习宣传贯彻批示精神。

其中提到，要深刻把握"三个支撑"的要求——作为经济大省、外经贸大省，为全国提供"三个支撑"是广东必须担当好的历史责任和光荣使命。要把供给侧结构性改革作为经济工作的主线，在振兴实体经济、推动制造业转型升级等方面作出表率、发挥支撑作用。要把创新驱动发展战略作为经济社会发展的核心战略，打造国家科技产业创新中心，建设珠三角国家自主创新示范区，加快形成以创新为主要引领和支撑的经济体系和发展模式。要服务国家外交战略，提高把握国内国际两个大局的自觉性和能力，加快构建开放型经济新体制，推动外经贸向更高层次跃升，当好代表国家参与国际竞争的主力军。

第三节 开放型经济新体制中的开放属性解读

一、接轨国际的规则型开放

开放型经济新体制建设致力于构建与国际投资贸易通行规则相衔接的基本制度框架，直接与国际接轨。当前我国外部环境的一个很重要变化，就是全球经济贸易规则处在一个新的密集构建过程中。例如建立以美国主导的TTIP（跨大西洋贸易与投资伙伴协议）等，不是简单地推进区域贸易合作，还蕴含着很多发达国家希望推动的新的经贸规则。对广州来说，在新一轮对外开放历程中，认真研究、对接、施行新的通行规则，对于继续参与全球竞争,获取全球化红利,具有重大的战略意义。

二、程度空前的纵深性开放

这种纵深性体现在:

连续化的开放。从20世纪80年代深圳特区成为我国对外开放的试验田;到20世纪90年代初期,中央决定开发开放浦东;进入21世纪,2001年中国加入世贸组织,全面对接WTO规则;2013年上海自贸区建设启动,则是中央在新形势下面向世界的主动开放试验。可见,30多年来我国连续开放的步伐从未停歇。[1]

全区域的开放。我国按照从沿海到内地的梯度开放战略,开放空间从经济特区到沿海港口城市再到沿江、沿边及内陆。我国中西部地区在对外开放中原本处于"末梢",但"一带一路"建设使我国对外开放格局发生重大变化,国际航运、跨洲铁路的延伸,将中西部内陆变为对外开放的新前沿。同时,中央提出的促进长江经济带发展战略,也将形成长江中上游的新增长点,有利于促进我国内陆地区的对外开放进程。可见,中国的开放已经开启全区域开放的"立体模式",一个全方位、网络状的开放系统,正在覆盖亚太、跨越大洋。[2]

力度持续增强的开放。我国开放范围从贸易领域到投资领域,开放内容从商品市场到要素市场;开放维度从经济活动到社会服务,开放广度和深度持续增强。例如,为促进外商投资、进一步优化投资结构,2015年3月,我国发布《外商投资产业指导目录(2015年修订)》,限制类条目从2011年版《外商投资产业指导目录》79条进一步减少到38条。在服务业领域取消或放宽了电子商务、连锁经营、支线铁路、地铁、轻轨、海上运输、演出场所等股权比例要求。

三、新战略导引的开放

"一带一路"是我国一个重大的区域经济贸易合作倡议,"五通"涵盖了从最硬的基础设施——道路通,到经济贸易活动——贸易通、投资通、货币通,然后到政策相通,这是规则层面;再到民心相通,就是文化交流。这是

---

[1] 慎海雄. 以开放促改革,加快构建开放型经济新体制[J]. 瞭望,2014(50).
[2] 王优玲,康淼. 我国对外开放聚焦"全方位、高水平",2015.8.10,[EB/OL]. http://news.xinhuanet.com/2015-08/10/c_1116202796.htm.

一个涵盖了65个国家和地区的重大区域合作战略，新的开放战略的很多诉求都在这里面得到体现。广州建设开放型经济新体制，也要以此为导引。

四、量质齐增的升级型开放

在转型的关键时期，我国对外开放的质量和数量将得到同步提升，是一种量质齐增的高水平对外开放。主要体现在：

比较优势升级。原来我们靠廉价的劳动力优势参与全球竞争的格局，今天已难以为继。20世纪90年代初，我国劳工工资是东南亚经济体的1/3，今天是东南亚的3倍。必须依靠不断地改进技术、提高管理水平和劳动生产率，才可以保持国际竞争力。

商品升级。我国大量的出口主要是消费品，无论是劳动密集的服装、鞋帽、玩具，还是消费电子产品等等，都是数量型、低质型的。而随着我国比较优势的变化，必须在资本和技术密集型产品和产业环节上形成新的优势，才能继续保持和巩固优势。

贸易业态升级。加工贸易过度依赖廉价劳动力，迫切需要升级；同时，应大力发展一些新的贸易业态，如跨境电子商务、服务外包和离岸贸易等等。

五、环境友好的低碳型开放

在全球气候变暖的背景下，各国大力推进以高能效、低排放为核心的"低碳革命"，"低碳经济"迅速成为全球热点。建设以低碳经济为发展模式、公民以低碳生活为行为特征、政府以低碳社会为建设蓝图的"低碳城市"已成为各地共识。

我国传统的对外开放，对环境保护、能源节约和生态平衡等关注不够，显示出一定的不可持续性。广州新一轮高水平对外开放也应该是环境友好型和低碳发展型的。

六、以点撬面的载体型开放

2013年，我国上海自贸区落地。2015年4月20日国家进一步扩展上海自贸试验区的范围，并且在广东、天津、福建再新设3个自贸试验区。2016年8月31日，第三批自贸区扩容至中国（辽宁）自由贸易试验区、中国

（浙江）自由贸易试验区、中国（河南）自由贸易试验区、中国（湖北）自由贸易试验区、中国（重庆）自由贸易试验区、中国（四川）自由贸易试验区、中国（陕西）自由贸易试验区等7个自贸区。

自贸试验区是改革开放的试验田，会成为各地对外开放的重要抓手，发挥以点撬面功能。

七、创新驱动的智慧型开放

以制度创新、技术创新、管理创新等驱动的开放型经济新体制建设。主要体现在：

提高出口附加值。中国真正有国际竞争力的还是低技术产品。如果对iPhone手机按生产价值链做分析，在iPhone的几百美元价值链里面，中国做的主要是最后的劳动密集型组装环节，增值大概不到5%。因此，需要推动中国制造从低附加值的加工制造环节向高附加值的"微笑曲线"两端延伸，增强中国制造"走出去"的核心竞争力和抗风险能力。①

转换增长动力。我国从前一个最重要的生产要素是低成本的劳动力，人口红利部分支撑了对外开放。改革开放以来，我国通过建立经济特区，搞加工贸易，吸引出口导向型的外国直接投资，把外来投资者的技术、管理、品牌和我们的低成本优势有机地结合起来。但是，随着我国劳工成本上涨，很多传统的劳动密集产业慢慢地没有了价格优势。因此，我国迫切需要从成本驱动型转型为技术创新和管理创新驱动型。

扩大服务业开放。传统外贸以商品贸易为主，而当前我国服务贸易发展很快，在全球居于进口第三位、出口第四位。但这些年服务贸易的逆差也在快速地扩大，整体竞争力还比较弱。服务业需要在开放中求发展、求进步。

八、优进优出的平衡性开放

优化对外投资。短短的十年时间里，中国一跃成为一个重要的对外投资大国。2003年中国对外投资只有285亿美元，到了2013年已经达到1 078亿美元。围绕开放型经济新体制建设，中国需要优化对外投资，加快发展和形

---

① 隆国强．中国对外开放的新形势与新战略［J］．中国发展观察，2015（7）．

成一批具有国际竞争力的大公司和企业集团；制定和实施与国际先进水平接轨的质量、安全、卫生、环保及能耗标准，树立新标杆；加强自主品牌培育，提升中国品牌的附加值和国际知名度。

优化进口。由于我国劳动生产率较低，大量的能源矿产物资需要进口。1993年中国还是石油净出口国，而今天我国已是世界上最大的石油进口国；同时，我国也是全球煤炭、铜、铝、镍、锡等的进口大国。因此，我们既要扩大进口，平衡贸易逆差；又要优化进口，增加技术、服务等进口比例。

优化引资。应从单纯注重引进外资数量向更加注重提高外资利用质量转变，创新利用外资方式，优化利用外资结构；加强对外资产业结构和区域投向的引导，充分发挥利用外资在推动科技创新、产业升级和区域协调发展等方面的积极作用；促进"引资"与"引智"相结合，鼓励外资参与重点产业调整和振兴，鼓励跨国公司在我国设立地区总部、研发中心和采购中心等功能性机构。

第四节　构建开放型经济新体制的总体要求、目标与主要内容

中共中央、国务院在《关于构建开放型经济新体制的若干意见》（2015）中，对构建开放型经济新体制提出了总体要求、建设目标，也列出了构建开放型经济新体制的有关内容。

一、构建开放型经济新体制的总体要求

全面贯彻落实党的十八大和十八届二中、三中、四中全会精神，坚持使市场在资源配置中起决定性作用和更好发挥政府作用，坚持改革开放和法治保障并重，坚持引进来和"走出去"相结合，坚持与世界融合和保持中国特色相统一，坚持统筹国内发展和参与全球治理相互促进，坚持把握开放主动权和维护国家安全。主动适应经济发展新常态，并与实施"一带一路"倡议和国家外交战略紧密衔接，科学布局，选准突破口和切入点，发挥社会主义制度优势，把握好开放节奏和秩序，扬长避短、因势利导、有所作为、防范

风险、维护安全，积极探索对外经济合作新模式、新路径、新体制。

二、构建开放型经济新体制的目标

总体目标是，加快培育国际合作和竞争新优势，更加积极地促进内需和外需平衡、进口和出口平衡、引进外资和对外投资平衡，逐步实现国际收支基本平衡，形成全方位开放新格局，实现开放型经济治理体系和治理能力现代化，在扩大开放中树立正确义利观，切实维护国家利益，保障国家安全，推动我国与世界各国共同发展，构建互利共赢、多元平衡、安全高效的开放型经济新体制。具体目标包括：

1. 建立市场配置资源新机制

促进国际国内要素有序自由流动、资源全球高效配置、国际国内市场深度融合，加快推进与开放型经济相关的体制机制改革，建立公平开放、竞争有序的现代市场体系。

2. 形成经济运行管理新模式

按照国际化、法治化的要求，营造良好法治环境，依法管理开放，建立与国际高标准投资和贸易规则相适应的管理方式，形成参与国际宏观经济政策协调的机制，推动国际经济治理结构不断完善。推进政府行为法治化、经济行为市场化，建立健全企业履行主体责任、政府依法监管和社会广泛参与的管理机制，健全对外开放中有效维护国家利益和安全的体制机制。

3. 形成全方位开放新格局

坚持自主开放与对等开放，加强"走出去"战略谋划，实施更加主动的自由贸易区战略，拓展开放型经济发展新空间。继续实施西部开发、东北振兴、中部崛起、东部率先的区域发展总体战略，重点实施"一带一路"倡议、京津冀协同发展战略和长江经济带战略，推动东西双向开放，促进基础设施互联互通，扩大沿边开发开放，形成全方位开放新格局。

4. 形成国际合作竞争新优势

巩固和拓展传统优势，加快培育竞争新优势。以创新驱动为导向，以质量效益为核心，大力营造竞争有序的市场环境、透明高效的政务环境、公平正义的法治环境和合作共赢的人文环境，加速培育产业、区位、营商环境和规则标准等综合竞争优势，不断增强创新能力，全面提升在全球价值链中的地位，促进产业转型升级。

三、构建开放型经济新体制的主要内容

在《关于构建开放型经济新体制的若干意见》中，提出了一些构建开放型经济新体制的主要内容。

1. 创新外商投资管理体制

改善投资环境，扩大服务业市场准入，进一步开放制造业，稳定外商投资规模和速度，提高引进外资质量。改革外商投资审批和产业指导的管理方式，向准入前国民待遇加负面清单的管理模式转变，促进开发区体制机制创新和转型升级发展。

2. 建立促进"走出去"战略的新体制

实施"走出去"国家战略，加强统筹谋划和指导。确立企业和个人对外投资主体地位，努力提高对外投资质量和效率，促进基础设施互联互通，推动优势产业"走出去"，开展先进技术合作，增强我国企业国际化经营能力，避免恶性竞争，维护境外投资权益。

3. 构建外贸可持续发展新机制

保持外贸传统优势，加快培育外贸竞争新优势，着力破解制约外贸持续发展和转型升级的突出问题。全面提升外贸竞争力，提高贸易便利化水平，完善进出口促进体系，健全贸易摩擦应对机制，大力发展服务贸易，促进外贸提质增效升级。

4. 优化对外开放区域布局

建设自由贸易园区，立足东中西协调、陆海统筹，扩大对港澳台开放合作，推动形成全方位的区域开放新格局，以区域开放的提质增效带动经济的协调发展。

5. 加快实施"一带一路"倡议

实施"一带一路"倡议，以政策沟通、设施联通、贸易畅通、资金融通、民心相通为主要内容，全方位推进与沿线国家和地区合作，构建利益共同体、命运共同体和责任共同体，深化与沿线国家和地区多层次经贸合作，

带动我国沿边、内陆地区发展。

6. 拓展国际经济合作新空间

巩固和加强多边贸易体制，加快实施自由贸易区战略，积极参与全球经济治理，做国际经贸规则的参与者、引领者，扩大国际合作与交流，努力形成深度交融的互利合作网络。

7. 构建开放安全的金融体系

提升金融业开放水平，稳步推进人民币国际化，扩大人民币跨境使用范围、方式和规模，加快实现人民币资本项目可兑换。

8. 建设稳定、公平、透明、可预期的营商环境

加强对外开放的法治建设，坚持依法开放，大力培育开放主体，充分发挥行业协会商会作用，着力构建稳定、公平、透明、可预期的营商环境。

9. 加强支持保障机制建设

培养适应开放型经济新体制要求的人才队伍，健全对外交流渠道，做好人文交流和对外宣传，进一步完善支持保障措施。

10. 建立健全开放型经济安全保障体系

要大力加强对外开放的安全工作，在扩大开放的同时，坚持维护我国核心利益，建立系统完备、科学高效的开放型经济安全保障体系，健全体制机制，有效管控风险，切实提升维护国家安全的能力。

历史现实篇

第二章

广州开放型经济的发展历程：1978~2017年

第一节 开放经济第一阶段：1978~1991年

一、阶段特征

从十一届三中全会至1992年邓小平同志南方谈话以前，可以划分为广州对外开放的第一阶段。十一届三中全会以后，广东实行特殊政策、灵活措施，率先实行改革开放，广州外经贸发生了深刻变化，从计划经济体制向有计划的商品经济体制转轨。这一时期的主要改革为下放外贸经营权，改革外贸计划体制——适当缩小指令性计划的范围。管理措施是以创汇为主要目的，力图扩大出口。同时广州积极利用外资，发展"三资"企业和"三来一补"加工贸易。

二、主要历程

1978年十一届三中全会召开，标志着我国进入改革开放阶段。1980年国家决定在广东设置经济特区。

1982年，广州尝试将外贸经营权和自主权下放给生产企业。如广州绢麻厂、南方玉雕厂从1982年起有权直接与外商洽谈成交，经营本厂产品出口，并自负盈亏。

从1981年到1982年6月，广东省各专业公司陆续将广州生产的大部分出口商品移交市各公司直接经营出口。

1984年10月,广州制定了《广州利用外资项目审批程序的暂行规定》;同年,广州市外经贸委根据外商投资企业日益增多的需要,专门设置外资企业管理处,成立初期的职能是发放外商投资企业批准证书和处理企业纠纷。

1984年11月,广州被列为十四个进一步对外开放的沿海城市之一,并被批准建立广州经济技术开发区。

1985年,广州颁发《广州市外商投资企业管理工作暂行规定》。

1985年,国家外经贸部批准广州各外贸公司脱离省公司,与行业对口总公司直接挂钩,广州外贸出口专业公司和生产企业快速发展。

1985年,广州被批准为计划单列市,享有省级经济管理权。同年,为做好外贸工作,广州市拟定了《〈广州市外贸代理出口暂行办法〉的实施细则》;市政府批复同意了市外经委《关于成立"外经一条街"的请示》和《广州市利用外资项目审批程序的暂行规定》。

1986年10月,根据国务院《关于鼓励外商投资的规定》,为进一步改善投资环境,广州市制定了《鼓励外商投资的实施办法》。

1987年7月,广州市制定了《关于鼓励国内企业利用外资的优惠规定》。

1978~1987年,广州市共签订中外合资经营、合作经营、外商独资经营和补偿贸易合同897项,客商合同投资金额17.66亿多美元,实际投资金额5.66亿多美元;共签订来料加工装配合同2.81万多项,合同工缴费15.14亿多美元,应收工缴费3.78亿多美元,已到设备价值6 845万美元。广州市于1984年开展海外企业业务,至1987年止,已有海外企业70多家。

1988年,广州发布《关于广州市地方外贸企业同苏联和东欧国家相应机构建立直接经贸联系的通知》。

1988~1990年,全市外贸企业(不含"三来一补")实行承包经营责任制,3年累计完成出口总值34.84亿美元,为国家计划的1.49倍。

1990年,为发挥广州优势,进一步吸引外资,中共广州市委、广州市人民政府作出《关于进一步做好吸引台资工作的若干决定》,广州海关提出《采取积极措施支持外向型经济发展的意见》。

"七五"期间(1986~1990年),广州积极发展工贸联合和自营出口企业,推行代理制,以扩大出口贸易。全市享有自营进出口权的企业有60多家,生产出口产品的工业企业1 300余家,出口商品基地170多个,5年出口总值累计达50.71亿美元,比"六五"时期增长1.73倍。出口商品结构进一步优化,工业产品比重逐步加大,从1985年的8.03%上升至1990年的20.63%。①

1991年,国家取消了对外贸出口的补贴,外贸企业实行自负盈亏。广州市政府制定了扶持广州外贸发展的15条措施,企业深化内部改革,实行各项责任制。

1991年,为了贯彻执行党的十三届七中全会和市委五届八次会议精神,颁布《关于广州市经济技术开发区进一步扩大改革开放的决定》。决定内容包括了"老企业产权转让""土地使用权有限期有偿转让""科技成果有偿转让"等规定,起到了完善投资环境、正确引导外资投向、不断扩大利用外资规模的作用,吸引外商、侨胞来穗投资设厂。

1991年,广州全年外商直接投资项目571项,比1990年增长46.8%;外商直接投资额2.59亿美元,增长39.24%(详见表2-1)。

表2-1 广州开放经济指标(一)

年份	进出口额(亿美元)	出口额(亿美元)	进口额(亿美元)	外商直接投资(实际利用外资额)(亿美元)	实际利用外资额环比增长(%)
1978	1.30	1.28	0.024		
1979	1.53	1.51	0.015	0.02	—
1980	2.14	2.12	0.020	0.13	550.00
1981	3.00	2.89	0.111	0.26	100.00
1982	3.17	2.96	0.211	0.44	69.23
1983	3.75	3.44	0.308	0.44	0.00
1984	3.00	2.59	0.409	1.30	195.45
1985	4.94	3.74	1.2	1.04	-20.00
1986	8.37	6.15	2.22	0.93	-10.58
1987	21.71	10.25	11.47	0.56	-39.78
1988	32.25	14.59	17.66	1.45	158.93

① 《广州年鉴(1992)》。

续表

年份	进出口额（亿美元）	出口额（亿美元）	进口额（亿美元）	外商直接投资（亿美元）（实际利用外资额）	实际利用外资额环比增长（%）
1989	35.32	17.70	17.62	2.75	89.66
1990	41.79	23.55	18.24	1.86	-32.36
1991	53.82	29.43	24.40	2.59	39.25

资料来源：1986年之前各年进出口贸易数据来自《广州市志》，1987年之后各年数据及其他数据来自《广州统计年鉴》（含"三来一补"等进出口贸易数据，与1986年之前的统计口径不一致）。

第二节 开放经济第二阶段：1992~2000年

一、阶段特征

从1992年邓小平同志南方谈话到我国加入世贸组织，可以划分为广州对外开放的第二阶段。1992年邓小平同志南方谈话以后，我国进一步扩大开放，建设社会主义市场经济体制。尤其是1994年我国对外贸体制进行了重大的改革，包括取消指令性计划、汇率并轨、取消外汇留成及上缴、外贸企业实行自负盈亏，逐步建立现代企业制度等。

二、主要历程

1992年初，邓小平同志在南方谈话中提出"要抓紧有利时机，加快改革开放步伐，力争国民经济更好地上一个新台阶"的要求。1993年，党的十四届三中全会通过《关于建立社会主义市场经济体制若干问题的决定》。1992年，广州市利用外资出现新的高潮：合同利用外资达48.11亿美元，超过改革开放13年以来合同利用外资的总和；外商投资企业已发展到3 291家。

1992年5月，广州保税区经国务院正式批准正式设立，实行"境内关外"的海关监管政策；并于1993年5月通过验关正式运行。

1993年4月，为加快改革开放和经济建设的步伐，广州作出了《关于进一步深化改革、扩大开放的若干决定》，提出用15年左右的时间基本实现社会主义现代化的奋斗目标。同年10月，为全面深化外贸体制改革，进一步调动区、县（市）出口创汇的积极性，加速外向型经济的发展，广州市提出《关于市属区、县（市）外贸体制改革的若干意见》。广州市外经贸部门制定了《广州市各类外贸企业转换经营机制的实施细则》，加大外贸体制改革的力度。

从1994年开始，我国加快向市场经济体制转型步伐，对外贸体制进行了重大的改革。在宏观管理上，取消指令性计划，实行指导性计划；以赋税制替代承包制；取消外汇留成和上缴，实行外汇收入结汇制；实行出口退税制。在微观上，推行和建立现代企业制度，构造与市场经济相适应的外贸企业运行机制。

1994年，我国进行了汇率并轨改革。本次外汇改革后国家实行银行售付汇制度，经常项目下外汇支付不加限制。这种管理制度一直延续到2000年。

1994年12月，广州市颁布了《外商投资企业管理条例》。

从1995年开始，广州进一步改善投资环境，加快广州地铁、港口、高速公路、新国际机场等重点项目建设。同时，引导外商直接投资由优惠政策向市场导向转变，从享受税收优惠向享受国民待遇转变，着力加强对外商的服务和管理，进一步完善法规，简化外商投资的审批手续和环节，强化外商投资管理服务中心"一条龙"服务功能，逐步完善"一个口子"收费的办法，从进一步改善外商投资环境。

1995年，广州颁布了《关于深化外贸体制改革，扩大外贸出口，增创广州国际贸易大口岸新优势的若干决定》。

1996年，广州开始允许建立中外合资的外贸公司，并颁布《关于改善广州投资环境若干意见》《关于改善我市投资环境十项措施的通知》《关于发挥保税区优势促进广州外向型经济发展的决定》。

1998年，广州印发《关于进一步改善投资软环境的若干规定》和《市外经贸委关于鼓励私营企业开展国际经济贸易活动若干意见》。

1999年，部分私营经济也开始获得外贸经营权；广州市颁布了《关于鼓励外贸企业扩大出口的通知》和《关于进一步加强广州市"外经贸一条街"服务功能的通知》，鼓励进出口贸易发展。

至2000年，广州市外贸进出口总值233.51亿美元，比上年增长21.49%，其中进口115.60亿美元，增长24.06%；全年外商直接投资实际利用外资29.89亿美元（详见表2-2）。

表 2-2 广州开放经济指标（二）

年份	进出口额（亿美元）	出口额（亿美元）	进口额（亿美元）	外商直接投资（亿美元）（实际利用外资额）	实际利用外资额环比增长（%）
1992	70.75	36.88	33.88	5.71	120.46
1993	134.33	64.49	69.84	12.85	125.04
1994	161.36	86.69	74.67	18.14	41.17
1995	166.99	95.67	71.32	21.44	18.19
1996	166.89	91.36	75.53	23.32	8.77
1997	187.46	105.95	81.51	24.80	6.35
1998	178.77	103.38	75.39	27.16	9.52
1999	191.85	98.67	93.18	29.87	9.98
2000	233.51	117.90	115.60	29.89	0.07

资料来源：《广州统计年鉴》。

第三节 开放经济第三阶段：2001~2008 年

一、阶段特征

2001 年，中国加入世界贸易组织（WTO），标志着我国对外开放进入一个新的阶段；直到 2008 年美国金融危机，可以划分为广州对外开放的第三个阶段。

这一阶段开放经济的特征，主要是按照我国的入世承诺全面履约；以及对照 WTO 规则要求，修订不符合 WTO 规则的各种政策法规等。这一阶段，是全面对接 WTO 规则的阶段。

二、主要历程

2001 年，广州市政府组织了"跨国公司与迈向国际化的广州首届研讨会"和"广州—日本重点行业合作发展研讨会"，提供机会给国外公司与本地对口企业进行面对面的交流；承办了外经贸部和联合国贸发会议主办的"跨国并购研讨会"。

2004 年 7 月，国家新修订的《对外贸易法》和《对外贸易经营者备案登记办法》开始实施。依据入世承诺，我国完全放开了外贸经营权。2004年广州新增出口企业1528家，比上年增长1.40倍；全市累计批准境外企业245家。

2005年，广州制定了《关于进一步优化投资环境做好招商引资工作的实施意见》。

2001~2005年，广州市全面实施"十五"计划，全市进出口总值从2001年的230.37亿美元增至2005年的534.75亿美元；"十五"期间外贸年均增速达17.7%；实际利用外商直接投资129.15亿美元，年均增长17.8%。世界500强企业已有140家落户广州。企业境外投资和对外承包工程及劳务合作比"九五"期间增长50%以上。

2006年，广州实施《鼓励外商投资设立总部和地区总部的规定》，加强对重点区域的招商引资，努力实现外资来源多元化。

2008年5月，广东省发布《关于推进产业转移和劳动力转移的决定》，正式提出"双转移战略"。广州市也出台了《关于加快推进广州市产业转移和劳动力转移的实施意见》，践行"双转移"战略。

2008年，广州市国民生产总值达8287.38亿元；对外贸易稳步增长，完成进出口总值818.73亿美元，增长11.4%；其中出口429.66亿美元，增长13.26%。全市外商直接投资实际利用外资额36.22亿美元，增长10.23%。利用外资结构不断优化，大项目带动特点显著，累计批准1000万美元以上的大项目达197个。在广州投资的世界500强企业达到169家。

"入世"后，广州外贸增长速度明显快于"入世"之前。外贸进出口总额从2001年的230.37亿美元增长到2008年的818.73亿美元，年均增长19.86%（详见表2-3）。而此前从1993年的134.33亿美元增长到2000年的233.51亿美元，年均增长8.22%。

表2-3　　　　　　　　广州开放经济指标（三）

年份	进出口额（亿美元）	出口额（亿美元）	进口额（亿美元）	外商直接投资（亿美元）（实际利用外资额）	实际利用外资额环比增长（%）
2001	230.37	116.23	114.13	30.01	0.40
2002	279.27	137.79	141.49	22.84	-23.89
2003	349.41	168.89	180.52	25.81	13.00
2004	447.88	214.74	233.14	24.01	-6.97
2005	534.75	266.68	268.08	26.46	10.20

续表

年份	进出口额（亿美元）	出口额（亿美元）	进口额（亿美元）	外商直接投资（亿美元）（实际利用外资额）	实际利用外资额环比增长（%）
2006	637.62	323.77	313.84	29.23	10.47
2007	734.94	379.02	355.91	32.86	12.42
2008	818.73	429.26	389.47	36.22	10.23

资料来源：《广州统计年鉴》。

第四节 开放经济第四阶段：2009~2017年

一、阶段特征

美国次贷危机至今，划分为广州对外开放的第四个阶段。2008年美国次贷危机爆发，迅速波及全球，国际经济持续下滑导致全球需求不断萎缩。2010年欧债危机爆发。2013年我国经济开始进入经济"新常态"。这一阶段我国主要处在应对危机阶段和后危机过渡期。

二、主要历程

在新形势下，为了把国际金融危机带来的不利影响降到最低程度，2009年广州出台《广州市扶持外向型企业发展若干措施》和《关于大力推进自主创新加快高新技术产业发展的决定》及配套措施，市财政拿出1.98亿元的资金扶持外向型企业发展；加快招商引资和"走出去"步伐，鼓励有实力的企业以多种形式开展对外合作。

2010年，欧债危机爆发，广州采取多项措施化解冲击。

2011年，广州市颁发《关于进一步利用外资工作的实施意见》《关于进一步加强招商引资促进产业转型升级的指导意见》。

2011~2013年，广州积极推进落实"新广州·新商机"国内外系列推介会签署的招商引资项目。

2014年，广州提出《关于支持外贸稳增长调结构的实施意见》，提出以创新推动产业转型升级；同年还出台《关于进一步深化穗台经贸合作和支持企业转型升级的实施意见》。

2015年，广州市制定《招商引资工作方案》《广州市2015年招商重点工作要点》，编制《全球1000家行业龙头企业招商引资目标库》，举办中国广州国际投资年会、夏季达沃斯"广州之夜"和全球生物医药健康产业发展圆桌会等会议，在日本、韩国、美国、德国、西班牙等国家以及港澳地区举办投资贸易推介会。①

2015年，广州印发《推进21世纪海上丝绸之路建设三年行动计划(2015—2017)》与《广州市人民政府关于向中国（广东）自由贸易试验区南沙新区片区下放第一批市级管理权限的决定》。

2016年，为推动外贸供给侧结构性改革，优化对外贸易发展环境，印发《广州市人民政府办公厅关于促进进出口稳定增长的若干意见》。

2016年，广州市全年商品进出口总值1 293.09亿美元，比上年增长-3.41%。全年新签外商直接投资项目1 757个，比上年增长23.0%。实际使用外商直接投资金额57.01亿美元，增长5.26%。全年经核准境外投资协议金额62.18亿美元，比上年增7.4%。

2017年，《自由贸易试验区外商投资准入特别管理措施（负面清单）(2017年版)》自7月10日起在南沙自贸片区实施。

2017年10月，十九大的召开，提出以"一带一路"建设为重点和坚持引进来与"走出去"并重的战略，标志着我国及广州市的开放经济发展进入到新的阶段。

2017年，广州市全年商品进出口总值1 471.06亿美元，比上年增长13.76%。实际使用外商直接投资金额62.89亿美元，增长10.31%（详见表2-4）。

表2-4　　　　　　　　广州开放经济指标（四）

年份	进出口额（亿美元）	出口额（亿美元）	进口额（亿美元）	外商直接投资（亿美元）（实际利用外资额）	实际利用外资额环比增长（%）
2009	766.85	374.03	392.82	37.73	4.17
2010	1 037.68	483.79	553.89	39.79	5.46

① 《广州统计年鉴（2016）》。

续表

年份	进出口额（亿美元）	出口额（亿美元）	进口额（亿美元）	外商直接投资（亿美元）（实际利用外资额）	实际利用外资额环比增长（%）
2011	1 161.68	564.74	596.94	42.70	7.31
2012	1 171.67	589.15	582.52	45.75	7.14
2013	1 188.96	628.07	560.89	48.04	5.01
2014	1 305.90	727.13	578.77	51.07	6.31
2015	1 338.68	811.67	527.01	54.16	6.05
2016	1 293.09	781.77	511.32	57.01	5.26
2017	1 471.06	877.92	593.14	62.89	10.31

资料来源：《广州统计年鉴》。

第三章

广州对外开放水平测量：基于经济国际化指标的视角

第一节 经济国际化的内涵与评估指标

一、经济国际化的内涵

经济功能是城市的重要功能，主要表现为三个方面：生产、交易和消费。因此，城市经济国际化亦反映在如上三个方面，即生产的国际化、交易的国际化和消费的国际化。

生产的国际化可界定为国际化的企业主体利用国内外的资本、劳动和技术等生产要素进行生产，向国内外市场供给商品和服务。这一个界定同时也表明了从宏观角度评估生产国际化的两个主要维度：一是企业主体的国际化程度，可用外资企业数量占城市企业总数的比重、外资企业总资产（资本）占所有企业总资产（资本）的比重等反映；二是资本、劳动和技术等生产要素的国际化程度，考虑到数据的可得性，可相应采用实际利用外资占全社会固定资产投资总额的比重、固定资产投资资金来源中外资所占比重、外籍人才占全部劳动力的比重、技术进口金额占城市研究发展支出总额的比重、对外支付的专利使用费和特许费占城市研究发展支出额的比重等指标进行评估。

交易的国际化，即指城市中国际化的市场交易主体，采用国际化的交易技术和手段，在全球市场上进行商品、资金和服务等的交易。评估交易的国际化程度，通常可以从交易主体的国际化程度、交易手段的国际化程度、交易对象的国际化程度等方面进行。然而，虽然理论上可以从以上多维进行评价，但由于统计数据难以进行如此翔实的区分，因此，实际评估中往往最终只能简化为采用国际贸易额占 GDP 的比重进行评估，或者从产业分类的角度，评估某一产业类别国际贸易额占该产业增加值或总产值的比重。

消费的国际化，反映在多个方面。一是城市居民消费商品和服务的国际化。通常而言，一个国际化程度高的城市，居民能享受全世界各地生产的商品，同时亦能享受到全球知名服务企业的服务。这一方面理论上可采用进口商品和服务在居民消费中所占的比重进行评估，但由于缺少数据，在实际评估中往往只能舍弃。二是来城市旅游消费的消费者的国际化。由于国际化的城市通常也是全球旅游者喜爱的城市，境外旅游者的涌入带来了城市消费者的国际化。基于数据的可得性，通常可以用入境旅客数量占全部游客数量的比重、旅游外汇收入占比等指标对此进行评估。

从另一个角度来看，城市经济国际化又可分为内向国际化和外向国际化，前者指利用国外的各种资源服务于城市本地的经济发展，如进口产品和服务、利用外资、技术和人才等等，而后者则指向国外输出本地的各种资源，如出口产品和服务、对外投资、对外劳务合作等等。生产国际化、交易国际化和消费国际化均可从内向和外向国际化角度进行区分。但是，由于我们更加关注的是城市本身经济的国际化，同时考虑数据统计的可得性，因此，评估时将在兼顾外向国际化的同时，重点考察广州城市经济的内向国际化程度。

二、经济国际化的评估指标

基于以上对城市经济国际化的界定和理解，我们同时从生产、交易、消费三个维度和内向、外向两个维度进行评估，相应的评估指标总结详见表 3-1。

表 3-1　　　　　　　经济国际化的分类与评估指标

层次1	层次2	内向国际化	外向国际化
生产	企业主体	外资企业数量占比	对外投资企业数量占比
		外资企业就业占比	
		外资企业所有者权益占比	
		500强企业入驻数量占比	

续表

层次1	层次2	内向国际化	外向国际化
生产	生产要素	资本： 利用外资占比 机构对外金融负债占比	对外直接投资额占比
		技术： 技术进口占比 专利使用费和特许费占比	技术出口额占比
		劳动力： 国际劳务支出占比 外籍人口数占比	在外劳动力占比
		规制： 营商环境国际化	
交易	总体层次	进口占 GDP 比重	出口占 GDP 比重
	产业层次	货物进口占非服务业部门总产值（增加值）比重	货物出口占部门总产值（增加值）比重
		服务业进口占服务业部门总产值（增加值）比重	服务业出口占部门总产值（增加值）比重
消费	—	进口产品消费占比 海外游客占比 旅游外汇收入占比	出境旅游人数占比

第二节 广州经济国际化的进程评价

一、生产国际化水平评估及比较

依据本章第一节构建的评估指标体系，同时考虑统计数据的可得性，我们对 2010~2015 年广州生产国际化程度进行了评估，评估结果详见表 3-2。

表3-2　　　　　　　　广州生产国际化进程评估结果　　　　　　　单位:%

分类		指标名称	2010年	2011年	2012年	2013年	2014年	2015年
企业主体	内向国际化	外资企业数占比	15.05	15.89	16.46	28.18	29.94	32.15
		外资企业就业数占比	34.72	39.68	37.95	35.32	32.96	31.84
		外资企业所有者权益占比	11.99	12.48	12.04	11.33	11.92	9.47
	外向国际化	当年新增对外直接投资企业数占国内工业企业的比重	0.13	0.13	0.15	0.15	0.27	0.47
生产要素	内向国际化	利用外资占全社会固定资产投资比重	8.49	8.33	7.97	7.08	6.84	—
		外资占固定资产投资资金比重	1.97	2.09	1.18	3.63	1.49	0.24
		技术进口占国内研发支出比重	55.03	48.13	56.65	60.01	53.10	49.08
	外向国际化	ODI占国内投资比重	0.69	0.51	0.63	—	—	—
		技术出口占国内研发支出比重	108.83	29.90	61.52	56.57	58.90	53.06
		在外劳动力占比	0.38	0.38	0.42	0.51	0.75	0.76

资料来源:根据《广州统计年鉴》数据计算所得。

2010~2015年，总体而言，企业主体的内向国际化程度和外向国际化大体呈提升态势。其中，反映内向国际化的核心指标外资企业数占国内企业总数的比重从2010年的15.05%上升到2012年的16.46%，2015年则进一步提升至32.15%。而外资企业就业数占比和外资企业所有者权益占比则呈先提升后回落态势，分别从2010年的34.72%和11.99%提升至2011年的39.68%和12.48%，而后逐年下降，2015年分别为31.84%和9.47%。

然而，同期多个指标显示，广州内向和外向生产要素国际化均有所下降。如资本要素方面，利用外资占全社会固定资产投资比重和外资占固定资产投资资金比重的评估值均出现了比较显著的下滑，前者从2010年的8.49%下滑至2014年6.84%，后者相应地从2010年的1.97%下滑至2014年的1.49%，2015年则剧降为0.24%。同时，对外直接投资占国内投资的比重亦从2010年的0.69%下降为2012年的0.63%。技术要素方面，技术进口占比和技术出口占比均显著下降，分别从2010年的55.03%、108.83%下滑至

2015年的49.08%、53.06%。

从另一个角度来看，总体上，广州生产国际化程度偏低。若以25%作为参照值来对照，可以发现，广州生产国际化总体上处于较低的水平，在某些方面甚至处于相当低的水平。

分类来看，企业主体内向国际化处于较高水平。外资企业数占比和吸纳就业人数占比2015年均达到近1/3的水平。然而，由于广州乃至全国的企业"走出去"才刚刚起步，因此企业主体的外向国际化相当低。

生产要素内向国际化方面，资本要素的国际化程度很低。这表明，虽然广州长期以来是全国对外开放利用外资的前沿阵地，但对于广州的整个经济发展而言，外资对于广州的资本要素贡献仍很低；技术要素的国际化程度很高，这既是近年加大技术引进的结果，亦是因为广州总体的研发支出总额仍然较低的结果；劳动力要素方面，虽然没有统计数据进行分析，但我们仍然可以经验判断出，广州劳动力的国际化程度较低。主要原因在于，中国本身具有丰富的劳动力资源，因此除了需要引进少数高级管理和技术人才外，企业基本不需要从国外引进普通劳动力。

生产要素外向国际化方面，资本要素的外向国际化相当低，原因亦是因为广州乃至全国的企业"走出去"才刚刚起步；技术要素的外向国际化较高，原因与前类似；而劳动力要素外向国际化程度相当低，原因包括中外文化语言差异的影响、劳动力国际流动不便利等多种因素。

为发现广州经济国际化在国内所处的地位，我们将广州与北京的相关指标评估值进行了比较。生产国际化评估结果的比较详见表3-3。与北京相比，广州企业主体国际化、生产要素的国际化总体上均高于北京。

表3-3　　　广州与北京生产国际化评估值的比较（2015）　　　单位:%

分类		指标名称	广州	北京
企业主体	内向国际化	外资企业数占比	32.15	4.43
		外资企业就业数占比	31.84	12.67
		外资企业所有者权益占比	9.47	17.12
	外向国际化	当年新增对外直接投资企业数占国内工业企业的比重	0.47	—

续表

分类		指标名称	广州	北京
生产要素	内向国际化	利用外资占全社会固定资产投资比重	—	10.14
		外资占固定资产投资资金比重	0.24	0.12
		技术进口占国内研发支出比重	49.08	—
	外向国际化	对外直接投资占国内投资比重	—	—
		技术出口占国内研发支出比重	53.06	
		在外劳动力占比	0.76	

资料来源：根据《广州统计年鉴》和《北京统计年鉴》数据计算所得。

以上分析表明，总体而言，一方面，从企业主体和生产要素国际化来看，广州生产国际化程度低；另一方面，从内向和外向国际化分类来看，广州外向国际化程度显著低于内向国际化。然而，虽然广州生产国际化程度较低，但生产国际化程度总体高于北京。

二、交易国际化水平评估及比较

表3-4所示评估指标值均表明，2010~2015年，广州交易国际化程度总体呈下降态势。进口占GDP比重从2010年的34.99%显著下滑至2015年的18.16%，而出口占GDP比重相应从30.56%下降为27.97%。若从产业层次来看，包括农业和工业在内的非服务业部门进口和出口占非服务业部门增加值或产值的比重先下降后略有回升，但工业企业出口额占总产值比值持续下降，从19.15%下降至15.41%。

表3-4　　　　　广州交易国际化评估结果　　　　　单位:%

分类		指标名称	2010年	2011年	2012年	2013年	2014年	2015年
总体层次	内向国际化	进口占GDP比重	34.99	31.20	27.16	22.49	21.31	18.16
	外向国际化	出口占GDP比重	30.56	29.52	27.46	25.18	26.77	27.97

续表

分类	指标名称	2010年	2011年	2012年	2013年	2014年	2015年
产业层次	内向国际化	非服务业进口占其增加值比重	89.73	81.08	74.58	63.38	61.27	55.21
		非服务业进口占其产值比重	25.71	22.84	21.08	18.72	17.99	16.18
		服务贸易额占服务业增加值比重①	—	—	29.41	—	—	—
	外向国际化	非服务业出口占其增加值比重	78.37	76.70	75.42	70.97	76.99	85.04
		非服务业出口占其总产值比重	22.45	21.61	21.32	20.97	22.60	24.93
		工业企业出口额占总产值比重	19.15	18.72	16.66	16.81	16.29	15.41

资料来源：根据《广州统计年鉴》数据计算所得。

虽然近年广州交易国际化程度呈下滑趋势，但广州交易国际化的程度仍然较高。无论是总体层次还是产业层次，亦无论是内向国际化还是外向国际化维度，相关指标的评估值均在25%左右，表明广州交易国际化程度较高。近年内向交易国际化程度较高，显然与近年国内贸易政策转向进口出口并重扩大进口有关，而外向交易国际化程度较高，则可归因于中国一直以来推行的出口导向经济发展模式，虽然此模式近年向扩大内需有所转变。

与北京的比较表明（见表3-5），广州交易的内向国际化远不及北京，而外向国际化总体略强于北京。这一结果的原因可能有：一是北京对进口产品的消费需求强于广州；二是北京是外资跨国企业和中国大型央企的云集之地，世界500强企业总部数量远高于广州，这可能由此带来大量进口。而另一方面，广州作为改革开放以来中国的对外开放前沿阵地，制造业出口一直是广州经济的优势所在。

---

① 由于无法获得服务进口和出口的单独数据，因此此处数据为服务贸易收支总额占服务增加值的比重，数据来源于：广州市对外贸易经济合作局，2012年服务贸易发展情况简介［EB/OL］, http://www.gzboftec.gov.cn/article.jsp?columnId=2c9081ee2cbf9809012cc02cd5660318&id=2c90aa9c3fc633130140804a547d7839.

表3-5　　　　广州与北京交易国际化评估值的比较（2015）　　　　单位:%

分类		指标名称	广州	北京
总体层次	内向国际化	进口占GDP比重	18.16	71.76
	外向国际化	出口占GDP比重	27.97	14.82
产业层次	内向国际化	非服务业进口占其增加值比重	55.21	352.65
		非服务业进口占其产值比重	16.18	92.68
		服务进口占比	—	27.63
	外向国际化	非服务业出口占其增加值比重	85.04	72.81
		非服务业出口占其总产值比重	24.93	19.14
		工业企业出口额占销售额比重	15.41	6.18

资料来源：根据《广州统计年鉴》和《北京统计年鉴》数据计算所得。

以上分析表明，总体而言，一方面，广州交易国际化程度呈下降态势，但广州交易国际化的程度仍然较高；另一方面，广州交易的内向国际化远不及北京，而外向国际化总体略强于北京。

三、消费国际化水平评估及比较

前文已经指出，消费的国际化既反映在城市居民消费商品和服务的国际化上，亦反映在来城市旅游消费的消费者的国际化上。但由于缺少数据，对广州消费国际化的评估只考察了后者，结果详见表3-6。

表3-6　　　　　　广州消费国际化评估结果　　　　　　单位:%

	指标名称	2010年	2011年	2012年	2013年	2014年	2015年
内向国际化	海外游客数量占比	18.08	16.95	16.47	15.24	14.70	14.20
	旅游外汇收入占社会消费品零售总额比重	7.12	6.01	5.42	4.65	4.71	4.92
	旅游商品收入占社会消费品零售总额比重	1.63	0.91	0.66	0.57	0.72	0.72
外向国际化	出境游客数量占比	21.26	18.72	22.22	23.48	24.56	24.81

资料来源：根据《广州统计年鉴》数据计算所得。

从评估结果来看，2010~2015年，广州消费的内向国际化程度呈下滑态势。海外游客数量占城市接待游客总数的比重从2010年的18.08%下降为2015年的14.2%；而旅游外汇收入占社会消费品零售总额比重相应从7.12%

下滑至4.92%。而同期，以出境游客数量占比衡量的广州消费外向国际化程度有所提升，六年中从21.26%提升至24.81%。

从国际化程度的评判来看，一方面，海外游客数量占比结果表明，广州消费的内向国际化的程度比较高，而另一方面，旅游外汇收入占社会消费品零售总额比重特别是旅游商品收入占社会消费品零售总额比重指标结果则显示，广州内向国际化程度较低。从经济的角度来看，我们认为后一指标更重要，因此，总体认为广州消费的内向国际化程度仍然较低。在消费的外向国际化方面，广州出境游客数量占比近年维持在20%以上的水平，这表明广州消费的外向国际化程度较高。

与北京比较而言（表3-7），广州消费的内向国际化略强于北京，但外向国际化程度大大低于北京。如核心指标旅游外汇收入占社会消费品零售总额比重的评估值，广州2015年为4.92%，高于北京的2.78%。但出境游客数量占比指标方面，广州24.81%的评估值，远低于北京的87.79%。

表3-7 广州与北京消费国际化评估值的比较（2015） 单位:%

	指标名称	广州	北京
内向国际化	海外游客数量占比	14.20	1.54
	旅游外汇收入占社会消费品零售总额比重	4.92	2.78
	旅游商品收入占社会消费品零售总额比重	0.72	—
外向国际化	出境游客数量占比	24.81	87.79

资料来源：根据《广州统计年鉴》和《北京统计年鉴》数据计算所得。

以上分析表明，总体而言，一方面，广州消费的内向国际化程度呈下滑态势，而外向国际化程度有所提升；另一方面，广州消费的内向国际化程度较低，略强于北京，而外向国际化程度虽较高，但仍大大低于北京。

四、本节小结

以上从生产、交易和消费三方面对广州经济国际化的评估表明，总体而言，从国际化进程看，广州经济国际化程度呈下降态势；从国际化程度来看，广州经济国际化程度总体仍较低；从国际化的内外向比较看，广州经济的内向国际化强于外向国际化；从国际化的城际比较看，广州经济国际化总体略强于北京。

需要特别说明的是,由于数据可获得的强约束,本节在实际评估中未能将个别重要的指标纳入考察,因此,某些结果可能会有一些偏差,需要综合考虑其他因素来应用。

第三节　推进广州经济国际化水平的方向与路径

基于前文评估指标的分析结论和对于广州经济国际化的经验观察,从目前广州生产、交易和消费国际化的最薄弱环节入手,本节提出如下推进广州经济国际化的方向和路径建议。

一、以推进生产要素国际化为重点提升广州生产国际化水平

1. 吸引外籍高级人才与出国留学人才

人才是城市经济发展的第一资源。广州要创新人才培养和外籍高端人才引进机制,建立培养、评价、任用、表彰激励和服务保障机制,夯实人才基础,构筑国际化的人才高地。一方面,要创新本土人才培养机制,与相关高校合作,采取更加灵活的培养机制,选派一批中青年骨干人才到国外各类机构和企业进行一年以上的学习培训,推荐支持其到各类国际组织挂职锻炼。另一方面,要创新国外高端人才引进机制,启动精英人才引进工程,建立人才柔性流动机制,利用"中国留学人员广州科技交流会""千人计划"南方创业服务中心、国内外人才中介服务机构、猎头公司、人才培训机构和海外华侨侨会等人才引进平台,重点吸引高端管理经营和科技人才,建设一支高层次、国际化的优秀人才队伍。落实人才专项扶持资金、对精英人才部分个人所得税进行补贴,在安家落户、出入境、医疗保障等方面提供绿色通道,高端服务企业引进高级人才产生的有关住房货币补贴、安家科研启动经费等费用,可依法列入成本核算等。[①]

2. 在自主创新的同时加大技术引进

创新是城市发展的根本动力。一方面,要完善目前以政府投入为引导、

---

① 中国社会科学院财政与贸易经济研究所课题组. 广州建设国际商贸中心战略规划研究[R]. 2011.10.

企业投入为主体、社会资金参与的科技经费投入体系，提高全社会研究开发经费总体水平，实现到全社会研究开发经费占地区生产总值2.5%以上的比例并逐步提高，提高广州科技自主创新的水平。落实科技型中小企业技术创新资金，大力扶持科技型中小企业开展技术创新活动。另一方面，加大先进技术的引进力度。一是要在利用中国（上海）国际技术进出口交易会平台基础上，积极搭建广州的技术贸易公共服务平台；二是要完善鼓励进口技术目录，扩大进口贴息范围和覆盖面，重点扶持先进技术的进口；三是结合广州的优势和支柱产业，有重点的支持汽车及零部件等战略性产业的技术进口。

3. 改善营商环境，进一步加大外资特别是金融资本的引进

为进一步吸引外资特别是金融资本进入，规范透明便利的营商环境至关重要。因此，广州应借鉴国际上良好的营商规则，打造有强大吸引力的国际一流的营商环境。综合国际上对于营商环境的评价指标体系，① 广义的营商环境主要包括以下两大方面：一是宏观的城市总体经济与商业环境，包括经济发展水平、政治环境、宜居环境、安全风险、基础设施、产业基础、政府产业支持、知识产权保护、开放程度（跨境贸易便利）、文化水平等；二是微观的企业在该城市的生存成本（时间和金钱），包括企业开办成本、企业财产权登记、获得信贷、投资者保护、执行合同、经营中的劳动力技能和可得性、薪酬成本、基础设施成本、税收和监管成本等。

因此，广州可对照以上几方面找出薄弱环节，针对性地借鉴国内外先进做法，打造规范化、透明和国际一流的营商环境。具体需要改善的方面包括：一是重点强化产业基础和产业支持，进一步提升广州总体经济环境。广州在经济发展水平、宜居环境、安全风险、基础设施和开放程度等方面已经具备了较好的基础，未来在进一步完善基础上，重点强化金融等现代服务业基础和产业支持；二是建立贯穿企业生命周期的规范、透明、国际接轨的规则体系，降低企业生存成本。广州应通过借鉴学习国内外的良好做法，在国家法律法规允许的前提下，利用先行先试的政策优势，优化和创新规则，建立包括企业开办成本、企业财产权登记、获得信贷、投资者保护、执行合同等规则体系，并基于这些规则，提供更高效和更低成本的政务服务。同时，通过

---

① 世界银行.2012营商环境报告：在更透明的世界里营商[R]. http://chinese.doingbusiness.org/~/media/WBG/DoingBusiness/Documents/Annual-Reports/Foreign/DB12-Chinese.pdf.

协调和政策倾斜，帮助企业更容易获得信贷支持和专业人才服务，维护企业正当商业利益，尽可能降低企业税负，提供合理的基础设施定价，以降低企业创业和生存成本，为企业在公开公平的竞争环境中的发展繁荣提供保障。[1]

4. 进一步鼓励推动企业"走出去"

一是贯彻落实国家建设21世纪海上丝绸之路的战略部署，鼓励企业积极参与海上丝绸之路沿线国家互联互通基础设施建设；二是引导大型本土企业制定国际化战略，加快国际化步伐，支持企业通过境外品牌、技术和生产线并购等方式开展境外投资，带动产品贸易；三是成立广州境外投资企业商会，建立境外投资指引和预警制度，针对重要行业编写投资促进报告，评估项目风险，以减少中小企业海外投资难度；四是搭建投资促进平台，选择重点国别、行业等加大力度组织考察，增加项目对接会；五是促进银企合作，利用外资银行在全球具有分支机构的优势，帮助本地企业在欧洲、美洲、非洲的贸易、投资、并购，在当地设立分支机构等；六是加大对企业"走出去"融资支持，设立专项基金给予支持，同时鼓励中国银行、保险公司金融机构积极开设海外网点，提高企业海外融资便利性；七是减少一般性海外投资项目审批环节，提高行政效率。

二、以扩大服务贸易为重点提升广州交易国际化水平

服务贸易发展正面临重要的战略机遇期。从国际看，发展服务贸易是大势所趋。新一轮国际产业转移不断加速，跨国公司加快将研发、咨询、信息等生产性服务业向发展中国家转移。服务贸易在对外贸易中的比重持续攀升，服务贸易结构从资源、劳动密集型的传统服务贸易为主向知识、技术密集型的现代服务贸易为主发展的趋势明显。[2]

2016年2月，广州获国务院批准成为全国15个国家服务贸易创新发展试点地市（地区）之一。2016年，全市服务贸易进出口总额3 235.4亿元人

---

[1] 张昱. 由传统商都到现代商都：广州的差距与升级路径 [J]. 广东外语外贸大学学报，2013（4）：5-8.

[2] 舒朝普，舒凯. 房爱卿. 服务贸易是抓手，服务外包是领头羊 [J]. 服务外包，2004（1）：28-30.

民币，居试点地区第三位，同比增长42.7%。2017年上半年，全市服务贸易进出口1 777.8亿元，同比增长10.1%。① 虽然近年广州服务贸易发展喜人，但仍然需要把握世界贸易格局变动大趋势，将服务贸易发展作为重点，确立服务贸易的战略地位，培育"中国服务"和"中国制造"双轮驱动的外贸发展格局，推动服务贸易和货物贸易协调发展、服务进口和服务出口协调发展，提升广州交易的国际化水平。

一是要落实已有的服务贸易领域的文化出口奖励资金、服务外包业务发展资金、技术出口贴息资金、进出口银行支持重点服务贸易项目贷款等政策，同时推动设立服务贸易发展专项资金。推动对符合鼓励条件的"营改增"行业服务出口实行零税率、免税政策的落实，配合有关部门抓好政策落地工作。进一步深化同银行和保险机构的合作，创新金融支持政策，支持服务贸易重点项目建设和服务出口。② 率先探索建立与服务贸易特点相适应的口岸通关管理模式。

二是加强服务贸易促进平台建设。结合自贸区战略和"一带一路"建设，积极同服务贸易发达国家和周边优势互补国家签署服务贸易有关合作协议；依托高德纳外包峰会、英国外包年会、伦敦设计节等国际知名会议和论坛，继续组织企业赴境外开展项目洽谈。③ 同时积极组织企业参与国内和港澳地区的京交会、上交会、文博会、软交会、中国（香港）服洽会等洽谈。推动认定一批省级和国家级服务外包示范园区，强化公共服务平台建设，鼓励企业集聚发展。

三是推动服务贸易重点领域和龙头企业发展。继续巩固传统服务出口领域的规模优势，鼓励运输、旅游、建筑等服务出口；重点培育通信、金融、会计、计算机和信息服务、传媒、咨询等新兴服务贸易发展，通过扩大进口满足国内需求，通过扩大出口培育产业竞争力和外贸竞争新优势；加强中医药、文化艺术、广播影视、新闻出版、教育、体育等特色服务贸易的国际交

---

① 赵安然. 广州服务贸易创新发展试点进出口总额成绩居全国第三［N］. 南方都市报，2017年09月03日，第AA04版.

② 商务部新闻办. 服务贸易快速发展，成为中国外贸新亮点［EB/OL］. http://www.gov.cn/xinwen/2014 - 07/23/content_2722680.htm，2014 - 07 - 23.

③ 舒朝普，舒凯. 房爱卿. 服务贸易是抓手，服务外包是领头羊［J］. 服务外包，2014（1）：28 - 30.

流与合作，培育文化软实力和国际影响力。① 扶持发展一批服务贸易龙头企业，对产品出口提供全过程的服务链支持。

三、以扩大消费品进口为重点提升广州消费的国际化水平

广州消费国际化的程度依然较低，最主要的表现是消费品国际化程度低。目前在广州市零售市场上，国际商品所占比重依然较小，即使在外资大卖场中销售的90%以上仍是中国本土产品。同时，国际化的商业服务规范和标准缺乏，特别是与高端消费相适应的跨国性综合服务规范和能力缺乏。例如，邮寄服务、退换服务、索赔服务等，这些服务在广州几乎还是空白。② 因此，广州要以扩大消费品进口为重点提升广州消费的国际化水平。

第一，广州要利用国务院办公厅2014年5月印发《关于支持外贸稳定增长的若干意见》中进一步加强进口的相关政策。积极申报创建国家进口贸易促进创新示范区，充分发挥进口贸易集聚区对扩大进口的示范和带动作用，加大与群众生活密切相关、必要的一般消费品进口。

第二，利用国家跨境贸易电子商务服务试点城市的优势，创新政策支持跨境贸易电子商务等新兴业态发展。对电子商务集货、备货进口的商品，实施"分类管理、便利进出""一次申报、分批核销"的检验检疫监管措施。对跨境电商企业实施信用管理、差别化管理，引导跨境电子商务健康发展。

第三，加快进口服务平台建设。2014年5月，广东省人民政府办公厅出台的《广东省支持外贸稳定增长实施方案》指出，加快出台扶持进口商品交易中心和进口服务平台的政策措施，加快认定重点培育的进口商品交易中心，促进进口与国内流通相衔接。对获得认定的交易中心，海关优先批准设立进口保税仓库等保税监管场所，予以重点支持。③

第四，推广市场采购出口，提高海外游客在广州消费水平。在广州较为成熟的专业商品市场推广"市场采购"出口，实施对"旅游购物贸易"方式报关出口商品实施在通关口岸进行检验检疫，实行增值税免税政策。

---

① 舒朝普，舒凯．房爱卿："服务贸易是抓手，服务外包是领头羊"［J］．服务外包，2014（1）：28 – 30．

② 张强，李江涛．以国际商贸中心引领广州国家中心城市建设的战略研究［J］．城市观察，2011（4）：10 – 36．

③ 广东省人民政府办公厅．广东省支持外贸稳定增长实施方案［Z］．2014 – 5 – 23．

第四章

广州开放型经济的产业支撑

产业是一个国家和地区的发展源泉,对外开放离不开产业支撑。推进产业转型升级是适应国际化产业发展新趋势和高水平对外开放的必然选择。改革开放三十多年来,广州市经济持续高速增长,已形成了门类齐全、综合配套能力、科研技术能力和产品开发能力较强的外向型现代产业体系。[①] 2015年,广州市实现地区生产总值(GDP)18 100.41亿元,按可比价格计算,比上年(下同)增长8.4%。其中,第一产业增加值228.09亿元,增长2.5%;第二产业增加值5 786.21亿元,增长6.8%;第三产业增加值12 086.11亿元,增长9.5%。第一、二、三次产业增加值的比例为1.26:31.97:66.77。

第一节 广州产业结构的演进趋势

一、广州三次产业之间的演进趋势

1. 从三次产业的增加值比重来看

广州产业升级总体效果明显,产业结构逐渐趋于合理,并不断向优化的方向发展。表4-1显示了1978~2015年广州三次产业增加值占GDP比重的演变历史。在1978~2015年期间,第一产业在GDP中所占的比重逐步下降,一共下降了10.42个百分点。三次产业结构从1978年的11.67:58.59:67.11调整为2015年的1.25:31.64:67.11。广州市产业结构演进主要分为以下三个阶段。

[①] 郭晓洁. 广州产业结构与就业结构协同性分析[J]. 广东行政学院学报. 2013(1).

表4-1　　　　1978~2015年广州三次产业构成变动情况　　　　单位:%

年份	第一产业	第二产业	第三产业
1978	11.67	58.59	29.74
1980	10.85	54.51	34.64
1985	9.69	52.92	37.39
1986	9.46	50.24	40.30
1987	9.05	45.85	45.10
1988	9.49	47.55	42.96
1989	8.45	45.03	46.52
1990	8.05	42.65	49.30
1991	7.29	46.53	46.18
1992	6.98	47.25	45.77
1993	6.39	47.19	46.42
1994	6.15	46.24	47.61
1995	5.83	45.91	48.26
1996	5.53	45.77	48.70
1997	5.11	45.36	49.53
1998	4.70	43.31	51.99
1999	4.34	43.53	52.13
2000	3.79	40.98	55.23
2001	3.42	39.14	57.44
2002	3.22	37.81	58.97
2003	2.93	39.53	57.54
2004	2.63	40.18	57.19
2005	2.53	39.68	57.79
2006	2.10	40.20	57.70
2007	2.10	39.57	58.33
2008	2.04	38.95	59.01
2009	1.89	37.26	60.85
2010	1.75	37.24	61.01
2011	1.65	36.84	61.51

续表

年份	第一产业	第二产业	第三产业
2012	1.58	34.84	63.58
2013	1.47	34.01	64.52
2014	1.31	33.47	65.22
2015	1.25	31.64	67.11

资料来源：《广州统计年鉴》。

阶段一：产业结构呈"二、三、一"格局，工业是国民经济发展的主导产业（1978～1991年）。在这一阶段，广州产业以劳动密集型产业为主，工业在这个时期占国民经济发展的主导地位，对经济发展起主要作用的是制造业部门，工业以轻工业产品的生产为主，服务业则以传统服务业为主。三次产业结构从1978年的11.67∶58.59∶67.11调整为1991年的7.29∶46.53∶46.18。

阶段二：产业结构呈"三、二、一"格局，服务业成为经济发展的主导产业（1992～2001年）。在这一阶段，广州资本密集型产业大幅增加。制造业内部由轻工业的迅速增长转向重工业的迅速增长，第三产业开始迅速发展，重化工业的大规模发展是支持本期广州经济高速增长的关键因素。三次产业结构从1992年的6.98∶47.25∶45.77调整为2001年的3.42∶39.14∶57.44。1998年，广州市第三产业增加值比重首次超过50%，三次产业结构开始呈现服务化特征。

阶段三：产业结构转型升级，现代产业体系逐步形成（2002～2015年）。在这一阶段，广州逐步建立以服务业经济为主体，以现代服务业、先进制造业、战略性新兴产业为主导，第一、第二、第三产业融合发展的现代产业体系。[1] 在第二、第三产业协调发展的同时，第三产业开始由高速增长转为持续快速增长，并成为推动国民经济增长的重要力量。三次产业结构在这个阶段进一步分化，第一产业比重均低于4%，第二产业比重在40%左右，第三产业比重则在60%左右，接近于发达国家（地区）的"倒三角形"产业结构。[2] 三次产业结构从2002年的3.22∶37.81∶58.97调整为2015年的1.25∶

---

[1] 周志文. 新常态下以创新驱动发展战略推动广州装备制造业产业转型升级的思考［J］. 经济研究导刊，2015（6）.
[2] 李绍朋. 广州市产业结构调整与优化的动态研究［J］. 科技管理研究，2013（11）.

31.64∶67.11。

2. 从广州市三次产业的产值来看

广州市第一产业的产值一直处于小于第二产业和第三产业产值的状态，广州市较为重视第二、第三产业的发展。已有研究中，有学者提出用第二、第三产业的比值能够反映产业结构是否朝着服务业发展，因此本书也同样采用该指标来衡量地区服务业的发展水平。在这里比值记为 T，即：T = X2/X1，其中 X1 表示第二产业产值，X2 表示第三产业产值（单位：万元）。通过这一衡量方式，T 值的大小说明了产业结构高级化程度，T 值越大说明产业结构倾向于发展第三产业。世界产业结构高级化演进的规律表明，随着国民经济的发展，第一产业在国民经济中的比重趋于下降，第二产业比重先升后降，第三产业比重持续上升。①

从表 4-2 可以看出，1978~2015 年，广州市产业结构高级化程度越来越大。按照发达国家经验，产业结构调整一般会经历金字塔型（前工业社会，"一二三"模式）→橄榄型（工业化初期，"二一三"模式；工业化中期，"二三一"模式）→倒金字塔型（工业化后期，"三二一"模式）的演进规律。目前，广州市已经顺利实现了由"二、三、一"向"三、二、一"的转变，正处在工业化快速发展阶段。总体上看，产业结构的调整与优化促进了广州市产业资源的优化配置，促进了广州市经济更快、更好地发展。②

表 4-2　　　　　1978~2015 年广州产业结构高级化趋势

年份	地区生产总值（万元）	第二产业（万元）	第三产业（万元）	第三产业/第二产业（T值）
1978	430 947	252 479	128 181	0.51
1980	575 497	313 734	199 325	0.64
1985	1 243 623	658 130	465 044	0.71
1986	1 395 466	701 074	562 313	0.80
1987	1 732 050	794 127	781 129	0.98
1988	2 400 818	1 141 606	1 031 440	0.90

① 何一鸣，赖丹珠. 产业结构变迁与城市经济长期增长——基于广州市 1949-2013 年数据的实证分析 [J]. 产经评论，2016（1）.
② 李绍明. 广州市产业结构调整与优化的动态研究 [J]. 科技管理研究，2013（11）.

续表

年份	地区生产总值（万元）	第二产业（万元）	第三产业（万元）	第三产业/第二产业（T值）
1989	2 878 733	1 296 309	1 339 237	1.03
1990	3 195 952	1 362 975	1 575 689	1.16
1991	3 866 741	1 799 166	1 785 841	0.99
1992	5 107 027	2 413 129	2 337 499	0.97
1993	7 443 455	3 512 607	3 454 888	0.98
1994	9 853 082	4 556 278	4 690 582	1.03
1995	12 591 974	5 780 268	6 077 100	1.05
1996	14 680 643	6 719 717	7 149 296	1.06
1997	16 781 156	7 612 156	8 311 845	1.09
1998	18 935 177	8 201 281	9 845 133	1.20
1999	21 391 758	9 310 691	11 152 545	1.20
2000	24 927 434	10 216 241	13 767 475	1.35
2001	28 416 511	11 122 943	16 320 762	1.47
2002	32 039 616	12 113 416	18 895 479	1.56
2003	37 586 166	14 859 261	21 627 825	1.46
2004	44 505 503	17 880 638	25 453 413	1.42
2005	51 542 283	20 452 183	29 787 941	1.46
2006	60 818 614	24 415 160	35 118 425	1.44
2007	71 403 223	28 257 805	41 646 681	1.47
2008	82 873 816	32 278 717	48 903 250	1.52
2009	91 382 135	34 051 588	55 607 710	1.63
2010	107 482 828	40 022 658	65 574 525	1.64
2011	124 234 390	45 769 763	76 419 207	1.67
2012	135 512 072	47 206 504	86 167 948	1.83
2013	154 972 334	52 700 860	99 986 844	1.90
2014	167 068 719	55 909 683	108 972 043	1.95
2015	181 004 136	57 260 783	121 474 944	2.12

资料来源：《广州统计年鉴》。

3. 从三次产业的就业结构来看

随着产业结构调整，广州市就业结构优化进程明显提速。早在1996年形成了"三、二、一"的就业结构，2010年第三产业从业人员比重首次突破50%，到2014年第三产业从业人员超过六成。第一产业从业人员比重从2000年的19.27%下降到2009年的10.8%，2010~2014年保持在8%左右的水平，2015年更是下降至7.75%。第二产业从业人员比重2000~2010年在40%左右波动，从2011年开始成呈稳步下降态势，逐渐下降至2015年的35.38%。第三产业从业人员占比从2000年的40.77%上升到2009年的48.95%，2010年开始突破50%，之后呈现稳步上升的发展趋势。详见表4-3。

表4-3　　　　1978~2015年广州社会从业人员三次产业构成　　　　单位:%

年份	第一产业	第二产业	第三产业
1978	43.69	32.13	24.18
1980	40.23	33.55	26.22
1985	31.26	37.66	31.08
1990	28.24	36.40	35.36
1995	22.68	38.84	38.48
2000	19.27	39.96	40.77
2001	19.28	38.98	41.74
2002	18.73	38.52	42.75
2003	18.40	38.42	43.18
2004	16.67	37.85	45.48
2005	15.13	38.68	46.19
2006	13.87	38.95	47.18
2007	12.42	39.72	47.86
2008	11.18	40.22	48.60
2009	10.80	40.25	48.95
2010	8.30	38.48	53.22
2011	8.46	38.07	53.47
2012	8.62	37.50	53.88
2013	8.51	34.62	56.87
2014	8.00	36.22	55.78
2015	7.75	35.38	56.87

资料来源：《广州统计年鉴》。

二、广州产业结构内部的演进趋势

在三次产业中，第一产业比重较低且保持在相对稳定的范围，因此本节主要对第二、第三产业内部的结构变动进行分析。

1. 第二产业中，轻重工业比例趋于合理

从轻重工业结构来看，广州市的工业化进程符合霍夫曼定理，即随着工业化的不断深入，重工业比例逐步提高，工业化水平不断提升。但与广东省以及全国相比，广州市的轻工业比重相对较高（详见表4-4）。另外，自2001年起，广州开始形成电子产品制造业、汽车制造业、石油化工制造业三大支柱产业。三大支柱产业逐步发展壮大，完成工业总产值占全市规模以上工业总产值的比重不断提高，占据工业的半壁江山。但近年来发展有所放缓，所占份额有所萎缩（详见表4-5）。此外，从工业内部结构来看，还存在高端化不足，结构不优，过度依赖汽车、石油、电子产业等问题。

表4-4　　　　各时期广州轻重工业占比变动情况　　　　单位：%

时期	轻工业占比	重工业占比
"六五"时期	65.28	34.72
"七五"时期	64.23	35.77
"八五"时期	58.90	41.10
"九五"时期	60.08	39.92
"十五"时期	48.11	51.89
"十一五"时期	37.41	62.59
"十二五"时期	36.19	63.81

资料来源：《广州统计年鉴》。

表4-5　　　　2009~2015年广州三大支柱产业占比变动情况　　　　单位：%

年份	2009	2010	2011	2012	2013	2014	2015
三大支柱产业占比	46.50	48.01	48.21	43.27	46.31	47.68	48.25

资料来源：《广州统计年鉴》。

2. 第三产业中，传统产业呈现下降趋势，新兴产业则呈现上升趋势

"十一五"以来，广州市把"稳增长、调结构"作为转型升级的重要途径，服务业内部结构不断分化。一方面，交通运输、仓储和邮政业、批发零售业、住宿餐饮业等传统服务业不断升级改造，保持稳定增长，仍具有一定的比较优势。另一方面，金融业、房地产业、租赁和商务服务业、科学研究和技术服务业等新兴服务业迅速崛起、比重上升。但与国内外其他先进城市相比，仍存在一定的差距。此外，金融业、信息服务业、科技服务业是生产性服务业的核心产业，而这三大行业恰恰是广州的弱项，说明广州生产性服务业亟待优化提升。

第二节　广州对外开放的重点产业

对外开放需要产业的支撑，支柱产业能够引导和带动其他产业并推动经济整体增长，因而是产业发展的重点。从20世纪90年代末提出汽车、石化、电子信息制造三大支柱产业以来，广州在很长的一段时间内坚持了这"老三样"不变。2013年，广州市委常委会审议并通过了《广州市加快推进十大重点产业发展行动方案》，提出新的产业发展思路并确定了十大重点产业。这是广州产业结构调整的新动态，也显示出近年来广州在产业调整方面的探索和尝试。其中，十大重点产业呈经典"343"阵型，即3大先进制造业：汽车、精细化工、重大装备；4大战略性新兴产业：新一代信息技术、生物与健康、新材料、新能源与节能环保；3大现代服务业：商贸会展、金融保险、现代物流。①

一、先进制造业

1. 汽车制造业

广州是全国三大乘用车生产基地之一，也是国家汽车及零部件出口基地、国家节能与新能源汽车示范推广试点城市。汽车产业是广州首要支柱产业，2015年，全市规模以上汽车制造业总产值3 776.79亿元，占全市规模以上工业产值比重20.18%，全市汽车产量221万辆，同比增长11.89%。2015年，全市规模以上汽车零部件实现工业总产值994.46亿元，同比增长5.10%。目前，珠三角地区汽车零部件企业1 000多家，其中500多家落户在广州。

---

① 十大重点产业预示新的结构调整方向［N］.南方日报，2013-11-27.

2015年，全市年产新能源汽车2 613辆、混合动力汽车7 037辆。目前拥有2个新能源轿车自主品牌（广汽传祺和东风日产启辰），年产能约3万辆。截至2015年底，共推广应用新能源汽车15 000辆，共建设充电桩5 000个。目前，广州汽车行业拥有省级企业技术中心9个、省级工程中心2个；有驰名商标2个、著名商标4个、广东名牌3个，拥有广汽集团独立自主研发机构（广汽研究院）和多家整车企业技术研发中心。

广汽集团持续入围世界500强（2015年排362位，较2014年上升4位，较2013年上升121位），并获得"中国最佳汽车制造商"称号。2014年，广汽集团首次获得中国汽车行业科技进步一等奖，是迄今为止获得的行业研发类最高级别奖项。东风日产已形成高端品类、旗舰品类、家轿品类、时尚动感品类和SUV品类等五大品类车型布局，是行业内车型最多、产品线最完整的企业之一。广州车展已成为全国三大车展之一。

2. 精细化工业

广州是珠三角和全国的重要石化产业基地，以精细化工为主体的石化产业是广州第二大支柱产业，目前，全市规模以上石油化工制造业企业有575家，国家级企业技术中心2个、省级企业技术中心15个、省级工程中心11个。2015年，全市石化工业实现工业总产值2 553.16亿元，同比增长2.2%，约占全省同行业产值比重30%，占全国同行业产值比重3%。广州石油化工产业主要分布在黄埔、南沙等地，形成了炼油、乙烯、合成材料、涂料、精细化学品和橡胶加工为主导的产业链，拥有中石化广州分公司等产业链上游龙头企业。石化产业炼油能力从700多万吨发展到1 300万吨，并拥有22万吨/年的乙烯生产能力，形成炼油—乙烯、合成材料—精细化工产业链条，在全国占有举足轻重的地位。精细化工占石油化工的比例为63%左右。目前，已有宝洁、高露洁、安利、杜邦、英国BP、陶氏化学、蓝月亮等一大批知名企业在广州集聚发展。

3. 重大装备制造业

2015年广州重大装备制造业实现工业总产值4 111.01亿元，增长8.2%，占全市规模以上工业总产值近22%。[①] 目前，已有加拿大庞巴迪、美国湾流、

[①] 《2015年广州市国民经济和社会发展统计公报》，下同。

川崎重工、中国南车等矿山、轨道设备企业以及日本FANUC公司、意大利COMAU等知名工业机器人生产企业在广州投资设厂。同时，广州已经涌现一批特色专用设备行业领头企业。

机器人及智能装备快速发展。经过多年的发展，广州机器人及智能装备产业已初具规模和集聚发展，产值规模已过200亿元，特别是广州开发区的广州机器人产业园，借力工业4.0发展机遇，已成功吸引德国库卡机器人、日本发那科和安川机器人、瑞士ABB国际机器人"四大家族"企业进驻。按照广州市《关于推动工业机器人及智能装备产业发展的实施意见》，广州到2020年要培育形成超产值千亿元的以工业机器人为核心的智能装备产业集群。

船舶与海洋工程装备实力显著增强。广州船舶产能已达500万载重吨/年，单船造船能力突破30万吨。全市共有船舶企业40多家，具有船舶建造能力的企业为20多家。船舶制造业产品覆盖集装箱船、成品油船、大型多功能化学品船、滚装船、客滚船、半潜船等领域。自航耙吸挖泥船填补了我国大型疏浚船舶建造的空白，生产出国内绞刀功率最大的挖泥船。广州已成为全国三大造船基地之一。

输变电设备制造业全国领先。2015年输变电设备制造业工业总产值超430亿元，约占全省五成，开关控制设备制造业和变压器制造业两大产业均排全国第二位。

工业制造能力大幅提升。东方电气（广州）重型机器有限公司是全球唯一一家同时全面生产二代核电、第三代核电AP1000、EPR核岛主设备的企业。

轨道交通装备和航空装备产业初具规模，涌现出一批具有自主知识产权和国内领先技术的本地企业。

二、现代服务业

1. 商贸会展业

（1）发展现状。

广州是国际商贸中心，商贸会展业实力雄厚，正由"千年商都"向"现代商都"跃进。2015年社会消费品零售总额7 933亿元，增长11%，广州商业流通规模连续28年稳居全国第三，规模占广东省的1/4以上；2015年批发零售业商品销售总额50 902元，增长10.2%，占全省近五成。网上商店零售额516.21亿元，同比增长62.1%，对限额以上零售业贡献率达71.4%，拉动限额以上零售业增速6.9个百分点。经国务院批准成为国内贸易流通体制改革发展综合试点城市、国家服务贸易创新发展试点城市。广州拥有众多商品交易市场，成交接近1万亿元，成交额占广州商品销售总额的1/5。专业批发市场889个，占地面积约19平方千米，经营面积约10平方千米。其中成交额超亿元的市场有158个，超百亿元市场10个。

中国进出口商品交易会（广交会）每年在广州举办两次，至今已经举办了118届，是中国第一大展览会。2015年，广州市20个重点场馆举办展览482场次，同比增长23.0%，展览面积862万平方米同比略有上涨。

（2）商业功能区（商圈）。

天河路商圈：以天河路为核心，已成为华南第一商圈，是广州国际商贸中心的品牌区和核心区，总面积约4.5平方千米，商业总面积达140万平方米，汇聚了正佳广场、太古汇、天河城、万菱汇等大型购物中心，汇聚近300个国际一线品牌，将打造成为国际知名商圈。

北京路商圈：历史文化气氛浓郁、商贸业发达、历史人文景点众多，自古以来就是广州政治、文化、商业的中心，是广州乃至华南地区的商旅名片，是国内外游客必到的购物游览地。

上下九商圈：拥有百年历史的上下九步行街是广州市第一条商业步行街，全长800米，全街骑楼建筑238间，云集特色百货、驰名国内外的酒楼食肆及传统地道广府美食，极具岭南特色。

其他商圈：珠江新城商圈、白云新城商圈、万博—长隆—汉溪商圈等新兴都会级商业功能区（商圈）正逐步成熟完善。

琶洲国际会展中心区：位于海珠区琶洲岛，拥有世界一流的展馆资源，聚集了广交会展馆、保利世贸博览馆、中洲国际商务展示中心、南丰国际会展中心等展馆，展馆可展览面积达53.9万平方米。其中保利世贸博览馆和中洲国际商务展示中心是国际展览业协会（UFI）认定展馆。目前琶洲地区共有香格里拉大酒店、广交会威斯汀酒店、南丰朗豪酒店等3家五星级标准酒店，可提供客房1 529间和近1.5万平方米的会议场地。此外，琶洲地区集中了保利国际广场、保利世界贸易中心、南丰汇环球展贸中心等一批高端写字楼。琶洲国际会展中心区被认定为全省首批粤港澳服务贸易自由化示范基地,并成为首个获得国家质检总局批准筹建的全国会展产业知名品牌示范区。

2. 电子商务

广州市电子商务总体发展水平位居全国前列,成功创建国家电子商务示范城市,跨境电商试点城市顺利通过验收,并获国务院批准成为第二批跨境电商综合试验区。2015年广州电子商务交易额超1.5万亿元,跨境电商进出口额67.5亿元,规模均居全国前列。2015年限额以上批发和零售业网上零售额576.9亿元,同比增长61.6%。

广州市电子商务产业链长、辐射面广。一是大型电商平台发展迅猛,培育了唯品会、塑交所等龙头平台,唯品会稳居全国自营第三方B2C平台前3位,培育出8家国家电子商务示范企业和58家省级电子商务示范企业;二是全市共11家企业获得第三方支付牌照,移动支付、电话支付、预付卡支付等新兴电子支付业务涌现;三是全市电子商务安全认证机构数量占全省2/3;四是快递业务量2015年19.5亿件,日均处理530万件,连续两年居全国第一。

3. 现代物流

2015年全市货运总量10.03亿吨,较上年增长3.94%;港口货物吞吐量5.20亿吨,增长3.78%;机场货邮吞吐量200.17万吨,增长5.56%。旅客周转量、客运量、货物周转量、货运量分别同比增长9.0%、8.3%、4.2%和3.9%,是华南地区最大的物流市场。目前全市物流企业5 000余家,其中南方物流、宝供物流等7家进入中国物流企业50强,全市国家A级物流企业95家,其中5A级企业12家。1 845家企业获得国际货运代理备案资格。广州是全国物流标准化试点城市,到2016年底,标准化托盘数量达到80万块,试点企业标准化托盘普及率达到80%。按照福布斯《2015中国大陆最佳商业城市排行榜》,广州在客运指数、货运指数方面的绝对优势,继续保持双第一。房地产咨询机构世邦魏理仕发布的《2015亚太区物流枢纽》研究报告中,广州等8个亚太区城市被评为全球性物流枢纽。到2020年,广州将建成服务珠三角、连接港澳、具有全球影响力的国际物流中心、国际航运枢纽、国际航空枢纽。

4. 金融保险业

（1）发展现状。

2015年，广州金融业增加值1 629.43亿元，同比增长14.2%，占GDP的9%。截至2015年底，全市本外币各项存款余额4.28万亿元，同比增长12.7%；本外币各项贷款余额2.73万亿元，同比增长12.4%。

全市证券交易额21.72万亿元，同比增长193%；境内外上市企业累计120家，总市值1.78万亿元；在"新三板"挂牌企业146家，总市值394亿元。全年全市保费收入714.36亿元，同比增长18.7%。广州股权交易中心挂牌企业2 994家，其中股份制企业34家；194家企业融资交易额64.8亿元。全市共有持牌金融机构259家（其中法人金融机构47家），类金融机构超过1 500家，金融业总资产达6.25万亿元。

台湾银行、台湾中信银行等台资机构在广州设立大陆首家分支机构。广州首家持金融租赁牌照的珠江金融租赁公司、首家消费金融公司中邮消费金融公司、首家银行资金运营中心广东南粤银行资金运营中心顺利开业。广州首架以融资租赁方式引进的全新空客飞机顺利落地。创新型期货交易所设立工作取得突破。首批获准全国开展业务的长城保险经纪公司、国内首家专门服务商品金融的广州商品清算中心，以及近十年来广东省（除深圳外）唯一经中国证监会新批准设立的公募基金公司——中科沃土基金管理公司都相继落户南沙。

（2）平台建设。

广州民间金融街共集聚各类机构203家，集聚民间资本近300亿元，累计为市内近2万家小微企业和个人提供融资超1 613.43亿元，累计缴纳税收近11亿元。

广州国际金融城吸引了近60家金融及相关机构有意进驻，三批土地已成功出让，南粤银行、新华人寿、平安不动产、万联证券、广州金控、省产权交易集团、省恒健集团等7家金融机构购地建楼。

南沙现代金融服务区"南沙金融15条"政策效应凸显，集聚金融业企业共654家。超过80家融资租赁公司在南沙集聚，成为全省融资租赁发展最快的地区。跨境人民币贷款业务试点正式开始实施。

广州金融创新服务区集聚股权投资机构超过60家，金融设备制造业（广电运通、御银科技）全国领先。

广州中小微企业金融服务区已进驻各类机构 316 家，其中金融机构 37 家，累计发放贷款约 50 亿元。

三、战略性新兴产业

1. 新一代信息技术产业

广州是中国三大国际通信和互联网枢纽之一，信息基础设施建设较为完善。拥有全国最大的国际出口频宽，国际出口频宽已经超过 2 000G，是全国最大的国际出入口之一。广州国际局电路目前可直达 70 多个国家和地区，基本形成通达全球的网络架构。

作为国家信息化示范城市，广州铺设的光纤总长度已超过 850 万纤芯公里，已实现全市超过 2 800 个楼盘（含商业楼宇）和社区光纤覆盖，覆盖使用者超过 500 万户，平均接入频宽速率达到每秒 6M 以上，固定宽带接入用户总数达到 409 万户，家庭宽带普及率达到 74%，4M 及以上宽带用户数达到 343 万户。

目前广州已建成 4G 基站约 4.5 万座，建成 TD-LTE 基站 9 050 个，规模全国第一，并已进入商用阶段。已建成无线局域网（WLAN）接入点 17 万个，公共区域覆盖率达到 70% 以上。广州超级计算机"天河二号"连续 6 次登顶全球超级计算机 TOP500 榜首。

广州市信息产业保持快速增长态势。2015 年，全市电子产品制造业完成工业总产值 2 789 亿元，同比增长 20.6%；软件业务收入约为 2 248 亿元，同比增长 15.5%。

目前，全市信息产业年营业收入 10 亿以上的企业约 50 家，其中 100 亿元以上的企业有 4 家。2015 年，2 家电子信息企业入选 2015 年中国电子信息百强榜，3 家企业列入全国软件收入百强企业榜。

2015 年广州市 8 家企业成功入围中国互联网百强企业，入围数量全国第三、省内第一。互联网应用方面领跑全国，微信、飞信、飞聊、灵犀、139 邮箱等基础应用服务发展居于同业前列。TCL 集团与思科公司合作在广州开发区投资 8 000 万美元成立了广州科天智能云信息科技有限公司，专门从事商用云平台、云计算、下一代视频通信和交互技术等业务。以乐金显示 8.5 代液晶项目为核心的新型显示产业发展迅速，2015 年预计液晶面板销量 680

万片，产值可达 400 亿元。

2. 生物医药产业

广州是华南地区的生物医药制造业中心、医疗中心和医药流通中心，也是国家医药进出口基地和国家生物产业基地城市，正着力打造成为全国重要的生物医药健康产业基地。

广州市现有药品生产企业（含原料药和制剂生产企业）共 112 家，医疗器械生产企业 442 家。广州规模以上药品生产企业工业总产值为 234.8 亿元，工业产值 1 亿元以上药品生产企业有 29 家（其中工业产值超 10 亿元的有 7 家），营业收入超 1 亿元的药品流通企业有 14 家。

广药集团是中国三大医药企业集团之一，年营业收入达 748 亿元，拥有敬修堂、陈李济等多个百年以上老字号企业及众多名优品种，是广州医药工业的龙头。达安基因是国内最大的基因检测产品开发生产基地，也是分子诊断领域的龙头企业。博济医药是国内研发外包服务领域的领先企业。冠昊生物已成为本产业领域国家级的研发中心和产业化示范基地。

目前，全市生物医药企业已初步形成涵盖药品、器械、试剂等领域的研究、开发、生产、销售各环节，中药、化学药以及基因工程药物为主体，医疗器械为特色，检测服务和流通为市场价值链终端的生物医药产业体系；在生物制药、中成药、化学合成原药及制剂、保健与化妆品、基因诊断试剂、医疗器械等领域具有一定优势。到 2025 年，广州的生物医药健康产业有望实现万亿元规模。

3. 新材料产业

广州是新材料产业国家高技术产业基地，已形成较完整的研发和产业体系，现有新材料企业超 400 家，产值超亿元的企业有 100 多家。集聚了金发科技、白云化工、广州聚赛龙、LG 化学、陶氏化学、高氏涂料等一批国际新材料龙头企业。市内有近一半的新材料产业企业主要从事新能源材料、节能环保材料、纳米材料、生物医用材料、超硬材料、复合材料等新兴领域的开发，有较强的研发能力，其产品有较好的市场应用前景。2015 年，广州市新材料与高端制造行业增加值超过 300 亿元。

未来重点发展科技含量高、附加值高、市场应用前景广的新产品，形成以高分子材料、电子信息材料、新能源材料、生物医用材料、节能环保材料为主导的新材料产业体系，加强与生物、工程机械、电子信息、建筑等产业的协同融合，不断强化资源节约与环境友好意识。到2020年末，广州市建设成为创新实力突出、材料特色突出、集群优势突出、产业链完善、国内外具有典型示范作用和重要影响力的新材料产业创新示范基地。

4. 新能源与节能环保产业

新能源产业方面。广州市新能源现有东方重机、广日集团、智光电气等重点企业，在核电、生物质能发电装备、变频装备等制造领域有比较优势。新能源研发能力较强，拥有中科院广州能源所、地球化学研究所、南海海洋研究所、中山大学、华南理工大学等十余所研究机构，已在太阳能利用、建筑节能、生物质能利用、智能交通节能、太阳能功能材料、分布式能源系统等方面取得一系列自主创新技术和科研成果。

截至2015年12月，从化鳌头分布式能源站、开发区保利协鑫热电联产工程（一期）已建成投运。黄埔电厂天然气热电联产、大学城超算中心分布式能源站、中新知识城北起步区能源站项目进入全面建设阶段。

节能环保产业方面。广州市环境保护产业覆盖面广，涉及领域众多，涵盖了环保产品的生产、环保设备制造、环保工程建设、环保工程咨询和服务、资源循环利用等方面。截至2015年，广州市获得环保产品标志认可的产品达137个，持有环保部颁发环境影响评价资质证书的单位达32家，持有清洁生产审核运行资质的企业达58家，具有危险废物经营许可证的企业达26家，具有环境工程专项设计资质的企业超过30家，污染设施运营资质单位67家，拥有广业环保产业集团、中滔环保、新大禹、浩蓝环保、怡文环境、新之地等环保产业领域品牌企业以及金发科技、广环投、万绿达等资源循环利用领域领军企业。

第三节　以产业为支撑构建对外开放新格局

当前，广州已形成了比较完善的综合性产业体系：不仅拥有发达的服务业，还拥有较先进的制造业；不仅有发达的轻纺工业，还拥有华南地区最强大的重化工业；不仅有庞大的传统产业，还培育出有相当实力的高新技术产业。正是这种综合性产业体系，为实现对外开放奠定了良好的产业基础。

一、广州对外贸易产业分布

2016年,广州全年商品进出口总值8 566.92亿元,比上年增长3.1%。其中,商品出口总值5 187.05亿元,增长3.0%;商品进口总值3 379.87亿元,增长3.3%。进出口差额(出口减进口)1 807.18亿元,比上年增加44.3亿元。

2016年,广州机电产业出口2 692.16亿元,增长5.4%;高新技术产业出口928.94亿元,增长8.7%;全市旅游业购物出口1 269.5亿元,增长18.1%;纳入统计的跨境电子商务业进出口146.8亿元,增长1.2倍。

在广州主要商品出口方面。2016年,出口规模最大的商品是服装及衣着附件,金额为668.68亿元,但比2015年下降2.2%;贵金属及首饰出口额为246.87亿元;液晶显示板和箱包及类似容器的出口增速加大,前者金额为237.37亿元,比2015年增长9.8%;后者金额为200.83亿元,比2015年增长10.9%。

在进口商品方面,如表4-6所示,进口最多的商品是液晶显示板,金额为224.72亿元,比2015年下降6.8%。增速最高的是煤及褐煤,比2015年增长24.9%,金额达到48.87亿元。

表4-6　　2016年广州市主要商品进口数量、金额及其增长速度

商品名称	单位	数量	比上年增长(%)	金额(亿元)	比上年增长(%)
煤及褐煤	万吨	1 524	23.6	48.87	24.9
钻石	千克	817	-4.0	188.73	15.9
集成电路	百万个	4 345	11.3	144.28	9.5
汽车零件	—	—	—	173.34	20.4
飞机	架	45	25.0	71.27	-56.7
成品油	万吨	49	62.0	18.83	19.1
初级形状的塑料	万吨	211	5.2	222.89	1.9
液晶显示板	万个	6 898	5.1	224.72	-6.8
钢材	万吨	158	12.3	70.62	5.3
未锻轧的铜及铜材	万吨	16	-14.1	59.04	-18.3
纺织纱线、织物及制品	—	—	—	88.39	-9.5

资料来源:广州统计局。

二、广州利用外资的产业分布

2016年,广州外商直接投资仍然稳步提升。2016年广州新设立外商直接投资企业1 757家,同比增长22.95%;合同外资99.01亿美元,同比增长18.39%;实际使用外资57.01亿美元,同比增长5.3%。从行业来看,实际使用外资金额增长最快的前三个行业分别是:建筑业,文化、体育和娱乐业,农、林、牧、渔业。实际使用外资金额最多的前三个行业分别是:信息传输、计算机服务和软件业,金融业,批发和零售业。

具体而言,农、林、牧、渔业实际使用外资4.411亿美元,比上一年增长了18倍,占实际使用外资总金额的0.77%;制造业实际使用外资53.457亿美元,比上一年减少了53.9%,占实际使用外资总金额的9.4%;建筑业实际使用外资1.162亿美元,比上一年增长了60.2倍,占实际使用外资总金额的0.2%;信息传输、计算机服务和软件业实际使用外资297.094亿美元,比上一年增长了10.9倍,占实际使用外资总金额的52.11%;批发和零售业实际使用外资60.20亿美元,比上一年增长了89.8%,占实际使用外资总金额的10.6%;住宿和餐饮业实际使用外资2.328亿美元,比上一年减少了40.6%,占实际使用外资总金额的0.4%;金融业实际使用外资65.648亿美元,比上一年增长了25.7%,占实际使用外资总金额的11.5%;房地产业实际使用外资33.815亿美元,比上一年减少了87.6%,占实际使用外资总金额的6%;教育实际使用外资450万美元,比上一年减少了19.6%;文化、体育和娱乐业实际使用外资4.037亿美元,比上一年增长了40.6倍,占实际使用外资总金额的0.07%。

三、广州产业支撑对外开放的不足之处

当前,广州的新一轮高水平对外开放对产业转型升级形成了巨大压力和倒逼机制。为此,要进一步提高对外开放水平,必须把产业转型升级作为重点,使对外开放具有更坚实的产业支撑。新一轮产业革命的制高点就在产业价值链高端,体现为高端要素、高端服务、高端产业和高端平台的集聚和辐射,只有抢占制高点才能掌握发展的主动权。

尽管广州在产业转型发展中取得显著成效,但与北京、上海、天津、深

圳等城市相比,广州在产业发展方面还存在一些发展的"短板":在工业领域,以汽车、石化、电子信息为代表的传统优势产业处于主导地位,高新技术产业实力较弱,作为第一支柱的汽车工业,规模虽然比较大,但核心技术基本为外方垄断。在服务业领域,科技投入少,人才成为"瓶颈",产业设计较弱,微笑曲线两端不强。金融业只有为数不多的几家总部,而且小而不强。总部或区域性总部经济不多。技术层次较低的流通业仍占大头,即使在最具优势的商贸领域,也存在外资巨头主导、本土商业航母偏少等问题。此外,战略性新兴产业、新业态发展迅速,但规模不大。

为此,广州必须抓住国家实施"一带一路"建设的重大契机,紧密对接"中国制造2025""互联网+"、大数据等国家战略,深入实施现代服务业与先进制造业"双轮驱动"战略,着力打造"三中心一体系"(国际航运中心、国际物流中心、国际贸易中心和现代金融服务体系),加快发展现代服务业,加速信息化与工业化深度融合,积极培育新业态和新商业模式,构建高端、高质、高新现代产业新体系,全面提升广州产业的结构层次与核心竞争力。

四、推动产业发展转型,进一步扩大对外开放[①]

1. 推动服务业转型升级

(1) 推动生产性服务业向专业化和价值链高端延伸。

①实施生产性服务业发展三年行动方案,加快发展金融、物流、信息服务、电子商务、科技服务、会展服务、商务服务等七大生产性服务业。②精心打造沿珠江生产性服务业发展带,加快建设天河中央商务区、广州国际金融城、民间金融街、琶洲国际会展商务区、荔湾花地河电子商务集聚区、黄埔临港经济区等珠江沿岸集聚区,培育壮大南沙新区、空港经济区、广州开发区三大生产性服务业增长极,建成5个以上千亿级生产性服务业集聚区。③鼓励有条件的工业企业剥离内部服务功能,组建生产性服务业法人实体,培育50家左右百亿级生产性服务业龙头企业,形成资源集合、产业集聚、功能集成的生产性服务业发展新格局。

---

① 以下内容根据《广州市国民经济和社会发展第十三个五年规划纲要(2016-2020年)》《广州制造2025战略规划》《广州市金融业发展第十三个五年规划(2006-2020年)》整理而成。

（2）推动生活性服务业向高品质转变。

①制定加快发展生活性服务业的实施方案，重点发展文化、旅游、体育、健康产业，把文化产业、体育产业、旅游业打造成为支柱产业。②加快文化、体育、旅游、健康、家政、养老等领域的关键标准制定，组织实施一批重大工程。③扩大市场化服务供给，积极稳妥推进教育、文化、卫生、体育等事业单位分类改革，将从事生产经营活动的事业单位逐步转为企业，规范转制程序，完善过渡政策，积极发展教育服务业。

2. 推动制造业向高端发展

贯彻落实《中国制造2025》、全省工业转型升级行动计划和《广州制造2025战略规划》，以智能化、绿色化、服务化为主攻方向，强化工业基础能力，提高综合集成水平，推动制造业向产业链、供应链、价值链高端发展。加快新一代信息技术与制造业深度融合，优化提升传统支柱产业。培育新的支柱产业，大力发展智能装备及机器人、新一代信息技术、节能与新能源汽车、新材料与精细化工、生物医药与健康、能源与环保设备、轨道交通、高端船舶与海洋工程、航空与卫星应用、都市消费工业等先进制造业，打造"四梁八柱"的制造业支撑体系，到2020年形成"54321"的千亿级工业体系［"54321"千亿级工业体系：5千亿级产业1个（汽车）、4千亿级产业1个（电子信息）、3千亿级产业1个（石化）、2千亿级产业1个（电力热力）、1千亿级产业2个（电气机械、通用专用设备），争取将铁路、船舶、航空航天和其他运输设备业、医药制造业打造成新的千亿级产业］。

（1）做大做强支柱产业。

汽车产业：重点推进自主品牌轿车的研发、生产和品牌建设，加快推进节能与新能源汽车整车和动力电池等关键零部件及配套充电装备的研发与产业化。重点建设广汽乘用车二期、广汽菲亚特第二工厂以及广汽本田、广汽丰田、东风日产第三工厂、花都新能源汽车电池厂、增城北汽华南生产基地等重大项目。

电子信息产业：重点抓好平板显示、集成电路、移动通信设备生产项目建设，培育壮大软件服务，推动广州科学城、天河科技园、黄埔新型平板显示产业基地、花都高新科技光电子产业基地、广州集成电路设计基地等园区建设。

石化产业：重点优化石化产业链，做精炼油产业，做强精细化工制造业。

先进装备产业：重点依托龙穴海洋工程装备制造产业园、大岗重大装备产业园、番禺和花都轨道交通装备产业园、广州数控和工业机器人产业园、广州飞机维修产业基地、黄埔智能装备产业园等若干先进装备制造产业集聚区。打造机器人和智能装备、轨道交通装备、航空装备、船舶及海洋工程装备等先进装备制造业成为新的支柱产业。

都市工业：重点发展智能家居、绿色食品、时尚服饰、文体用品等，鼓励企业运用自动化、数字化、智能化绿色技术升级改造生产装备，优化组织结构，提高创新水平。建成国内领先的时尚服装基地、智能家居基地。

（2）推进制造业与信息化、智能化深入融合。

①推进制造过程智能化，在重点领域试点建设智能工厂/数字化车间，着力推进重点领域工业大数据平台、工业操作系统及其应用软件等应用示范工作。②提升产品智能化水平，在汽车、电子、装备等领域实施以信息技术深度嵌入为代表的智能装备（产品）试点示范项目，重点提升产品智能化水平与竞争力。③实施"互联网+制造"示范试点，支持有条件的制造企业面向产业链关联配套企业建设智能互联工厂，搭建制造需求与制造资源高度优化匹配的协同开发及云制造平台。

（3）推动制造业服务化。

①推动制造业企业主辅分离发展品牌开发、研发设计、营销服务等价值链高端环节，鼓励制造企业设立工业设计中心。②发挥重点行业领域的示范引领作用，重点装备企业以服务产品全生命周期为目标，做好技术支撑、工程总包、故障诊断、检验检测、维护保养等产业链延伸服务，实现从生产型向生产服务型转变。③支持制造企业运用互联网和大数据分析等信息技术服务，发展移动电子商务、在线定制、线上线下等创新模式。

（4）提升制造业国际化发展水平。

①支持企业通过并购、重组、战略合作等形式，获取境外品牌、先进技术、营销渠道等资源，鼓励优势企业加快发展国际总承包、总集成。②深化产业国际合作，积极对接"21世纪海上丝绸之路"重大战略，鼓励企业参与沿线高铁、港口基础设施、运河等项目建设，以"工程"带动产业和产品出口。③推动产业国际合作由加工制造环节为主向合作研发、联合设计、市场

影响和品牌培育等高端环节延伸。

（5）加大实体经济政策支持力度。

①整合现有财政资金，统筹安排工业转型升级专项资金，创新支持方式，发挥引导作用。②鼓励金融机构对先进制造业项目优先给予信贷支持，通过进入资本市场、互联网金融等方式拓宽企业融资渠道。③支持先进制造业企业改制上市、在全国中小企业股份转让系统和广州股权交易中心挂牌，利用多层次资本市场做大做强。④强化用地支持，优化制造业用地政策，每年确保一定比例的土地指标用于制造业项目，对鼓励类项目优先保障用地。结合城市更新，鼓励中心区老工业园区提高容积率，实现活化利用。

3. 培育壮大战略性新兴产业

（1）加快发展战略性新兴产业。

①加大对战略性新兴产业基地、创新平台、示范工程及创业投资的支持。②形成新一代信息技术、生物与健康、新材料与高端装备制造、新能源汽车、新能源与节能环保、时尚创意产业5个两千亿级战略性新兴产业集群。③实施新业态培育计划，制定服务业新业态企业认定办法，重点扶持发展个体化诊疗、机器人、可穿戴设备、云计算与大数据、增材制造（3D打印）等五大新兴业态。

（2）提升新兴产业支撑作用。

①大力推进半导体、机器人、增材制造、智能系统、智能交通、精准医疗、高效储能和分布式能源系统、高效节能环保、光产业等技术创新和产业化。②每年安排财政专项资金支持战略性新兴产业发展，加大对战略性新兴产业在技术改造、市场拓展、品牌建设、知识产权保护等方面的支持力度，研究制定战略性新兴产业企业财税扶持配套政策。③对符合建设条件的战略性新兴产业建设项目优先安排建设用地指标，优先保障战略性新兴产业发展用地需求。

4. 促进产业集聚发展

（1）现代服务业以集聚区为主体形态。

以21个省级现代服务业集聚区为依托，推动现代服务业集聚发展。中心城区提升商务楼宇综合功能，合理利用原有工业用地和老厂房，着力打造总部、金融和科技集聚区。外围新城依托现有产业基础、资源禀赋加快建设现代物流等生产性服务业集聚区。

(2) 制造业发展以产业区块为主体形态。

以工业制造、高新技术制造主导产业的95个产业区块为依托,重点加快以天河区东部、黄埔区至增城区南部先进制造业为东翼,以南沙区、番禺区临港制造业为南翼,以白云北部、花都区及从化区西南部制造业为北翼的产业集聚带建设,推动制造业企业由小而散向园区化、集群化发展。以城市更新为契机,推动旧厂房、零散工业和村级工业园区成片改造,大力发展工业总部经济、服务型制造业和都市工业。

(3) 战略性新兴产业以基地为主体形态。

以优化提升全市35个战略性新兴产业基地为依托,中部着力打造琶洲互联网创新集聚区,大力引进互联网总部企业;东部建设以中新广州知识城、广州科学城等为重点的战略性新兴产业核心基地;南部推进建设以南沙新区、广州国际创新城为重点的新兴产业基地;北部建设以空港经济区为重点的临空战略性新兴产业基地。

专题篇

第五章

构建广州外贸可持续发展新机制

第一节 改革开放以来广州外贸体制变革的历程

一、下放外贸经营权

新中国成立到 1978 年近 30 年的时间里,中国一直实行的是高度集权的外贸管制政策,统一经营使得国家承担全部外贸风险。企业无法自主经营、没有利润考核指标、缺少积极性等传统外贸体制的各种弊端显露无遗。

1974 年 7 月,中央下发文件授权广东和福建两省通过实行"特殊政策和灵活措施",先于其他省份进行经济改革。广东采取了一些外贸改革措施,如出口商品分级管理、向地方和企业下放外贸权、试行工贸结合和技贸结合等。中共广东省委决定,让广州市拥有更多的外贸自主权和经营权。1981～1982 年 6 月,省各专业公司陆续将广州生产的出口商品,大部分移交市各公司直接经营出口。

1982 年,广州市各外贸企业积极性有所提高,为了扩大出口,采取了多种灵活贸易措施:(1)举办或参加多种形式的贸易洽谈会、小交会和出口商品展销会。(2)增加农副产品、名牌产品和新品种出口,改进包装装潢。(3)开展来样定牌、订购包销业务。(4)接受商人来料、来包装、来部分生产工模具和设备,加工商品出口。(5)继续开展"香港售券,内地提货"业务。①

1987年，广州市出口总额为9亿美元，比上年增长48.61%，创广州市出口的最高纪录，提前三年完成了本市外贸出口的"七五"规划目标。

二、外贸承包经营责任制

1987年，党的十三大报告中指出："为了更好地扩大对外贸易，必须按照有利于促进外贸企业自负盈亏、放开经营、工贸结合、推行代理制的方向，坚决地、有步骤地改革外贸体制。"国务院决定从1988年全面推行对外贸易承包经营责任制，其主要内容如下：（1）各省、自治区、直辖市、计划单列市政府以及全国性外贸（工贸）总公司向国家承包出口收汇，上缴中央承包基数三年不变。（2）取消原有使用外汇控制指标，凡地方、部门和企业按规定所取得的留成外汇，允许自由使用，并开放外汇调剂市场。（3）进一步改革外贸计划体制，除统一经营、联合经营的21种出口商品保留双轨制外，其他出口商品改为单轨制，即大部分商品均由有进出口经营权的企业按国家有关规定自行进出口。（4）在轻工、工艺、服装三个进出口行业进行外贸企业自负盈亏的改革试点。②

1988年，广州市外贸企业深入进行了外贸体制改革，力图完善承包经营责任制；并对市轻工、工艺、纺织、畜产进出口公司的三个行业（轻工、工艺、服装）进行了自负盈亏的试点工作：（1）加强企业内部管理，提高经营能力。在执行承包经营责任制的过程中，外贸企业注意把出口任务落实到科室和个人，分科核算。（2）发展新商品，开拓新市场。市各外贸单位努力提高产品在国际市场的竞争力和占有率。（3）发展生产基地，大力组织货源。市各外贸公司一方面加强与本市生产部门的联系，积极组织货源出口；另一方面通过引进外资和扶持工业企业，抓紧发展出口商品生产基地。截至1988年底，已建成的基地达192个，正在筹办的37个，总投资额1.64亿元，使用外汇2 400万美元，利用外资1 410万美元。（4）地方工贸企业出口增加，形成多元化出口局面。这一年新批准的自营进出口企业有102家，加上原有的共192家。这些企业有了进出口权后，出口创汇的积极性普遍提高，全年

---

① 《广州统计年鉴（1983）》。
② 邱东. 中国经济体制改革与发展研究［M］. 北京：中国人民大学出版社，2009：59.

出口额达3.13亿美元。①

1988年，深化改革第一年广州市出口总额为10.77亿美元，比上年增长20.24%。其中，一般贸易8.71亿美元，增长17.82%；"三来一补"业务8 576万美元，增长9.98%；"三资企业"1.2亿美元，增长53.23%。全市出口收购总值为43.02亿元，比上年增长35.16%。②

三、转换企业经营机制

1992年，十四大正式确立"我国经济体制改革的目标是建立社会主义市场经济体制"。

1993年，党的十四届三中全会作出了《关于建立社会主义市场经济体制若干问题的决定》。关于开放体制，其中提道：坚定不移地实行对外开放政策，实行全方位开放；进一步改革对外贸易经济体制，积极引进外来资金、技术、人才和管理经验。

1993年，广州市外经贸部门制定了《广州市各类外贸企业转换经营机制的实施细则》，采取5项措施，加大外贸体制改革的力度：一是把进出口业务经营权、综合经营发展权、投资决策权、外汇使用权、劳动用工权、人事管理权、工资奖金分配权下放给企业。二是对外贸系统企业实行了出口计划、收汇计划、国有资产保值和增值等四大指标的承包经营责任制。对完成指标的企业和个人给予鼓励，对不完成的给予相应的惩罚。三是对企业内部结构按业务发展需要进行调整，合理配置人员，精减后勤人员，充实业务第一线。同时，选择了3个经济效益好、规模适中、商品发展潜力较大的单位进行了股份制的筹建试点工作，并结合市的统一安排，把市轻工业品进出口公司改组成规范化的企业集团。四是各外贸专业公司开始打破原有经营范围的束缚，扩大了出口经营范围，实行交叉经营，并以外贸为主，兼营其他，既搞外贸又搞内贸，既从事贸易又进行生产。五是在番禺进行了"切块管理"的体改试点，让其外贸企业与广州市外贸公司在财务关系上彻底脱钩，归番禺市外经贸部门统一管理。③

1994年，广州市属区、县级市外贸体制改革初见成效。广州市开始实施

---

①② 《广州统计年鉴（1989）》。
③ 《广州统计年鉴（1994）》。

区、县级外贸出口切块管理,将原属市各外贸专业公司的区、县支公司或货源公司全部下放给各区、县级市,实行自负盈亏,自主经营,赋予区、县级市必要的调控手段和管理权限。这一改革,大大地激发了各区、县级市的积极性,外贸出口大幅度增长,全年出口总额共达 7.63 亿美元,比上年增长 86.16%。[①]

四、汇率并轨

1981~1984 年,为了鼓励出口,加强外贸核算和适应我国当时的外贸体制,双重汇率开始进入我国的货币市场。

1994 年,我国进行了汇率并轨改革,改革的主要内容有:(1)存在了 14 年的双重汇率制度被撤销;(2)企业可通过银行直接购买外汇,不再制定指令性计划;(3)外汇留成制度被取消,境内企业或单位如果有外汇收入应当卖给银行。[②]

汇率并轨符合市场经济规律和国际规范的要求,降低了外汇和外贸管理体制的复杂性;有利于发挥汇率经济杠杆的作用,提高企业的积极性;汇率并轨也有利于刺激外商的投资积极性,扩大我国的外资净流入量;有利于企业转换经营机制,为不同企业的公平竞争创造了良好的外部环境。

五、对接 WTO 规则

中国于 2001 年加入世界贸易组织(WTO),在加入 WTO 的谈判中,中国作了一系列的承诺:加入 WTO 后,中国将按照 WTO 的规则进行贸易管理,并将对与 WTO 不一致的法律、法规进行清理和修改;在加入 WTO 后三年内取消外贸经营权的审批制。

加入世界贸易组织为我国对外贸易的发展提供了新的契机;我国可以享有关税与贸易总协定中关税减让与非关税壁垒拆除等方面的成果,还能更加广泛地享受发达国家提供给发展中国家的普惠制待遇;也有利于我国进一步改革对外经济贸易体制,建立适应国际经济规则的运行机制。

---

① 《广州统计年鉴(1995)》。
② 严复雷. 新国际贸易环境下外贸体制改革研究 [J]. 西南科大学报,2006(6).

"入世"前后,广州市政府积极组织学习、熟悉世界贸易组织的有关规则,认真研究加入世界贸易组织后可能出现的新情况和新问题;强化世界贸易组织有关知识和规则的普及、宣传,抓紧培养和造就一支精通国际商务和法律的人才队伍。提出积极主动面对加入世界贸易组织所带来的挑战,趋利避害,以"入世"促改革,以"入世"促发展。[①]

2002年广州市完成进出口总值279.27亿美元,比上年增长21.23%。2003年,广州进出口总值349.41亿美元,比2002年增长25.13%。具有出口涉及的市属企业达2 767家,其中民营企业155家,出口市场遍及200多个国家和地区。全市累计批准成立213家从事外经贸活动的境外企业,分布在近40个国家和地区,总资产近30亿美元。[②]

六、放开外贸经营权

2004年4月,我国通过修订后的《中华人民共和国对外贸易法》,于7月1日起施行。此次修改主要是对现行外贸法中与中国"入世"承诺和世贸组织规则不相符的内容进行修订。依据新外贸法,我国完全放开了外贸经营权。

新修订的《对外贸易法》和《对外贸易经营者备案登记办法》实施以来,广州各类外贸企业发展加快。2004年全年新增出口企业1 528家,比上年增长1.40倍;全市累计批准境外企业245家。2005年,广州地区有出口实际业的企业4 145家,比上年增加737家,其中内资企业1 651家,外资企业2 494家。出口超1 000万美元的458家,比上年增加81家;出口超亿美元的41家,增加9家。

七、外贸转型升级

广州一直以来非常注重外贸向高技术含量、高附加值、品牌化等方向转型升级。

1987年,为加强对引进技术的消化吸收,加速技术改造,广州制定了

---

① 《广州统计年鉴(2001)》。
② 《广州统计年鉴(2004)》。

《关于引进技术设备消化创新的管理办法》。1993年颁布《关于依靠科技进步推动经济发展的若干规定》。

2007年，为深入实施科技兴贸战略，进一步提高广州外贸出口的质量和效益，广州提出《关于"十一五"期间加快转变机电产品出口增长方式的实施意见》。

2008年，广州出台了《关于大力推进自主创新加快高新技术产业发展的决定》，加快推进高新技术产业园区建设，高新技术产业加速发展。2009年，广州出台《关于大力推进自主创新加快高新技术产业发展的决定》，制定了《广州市扶持外向型企业发展若干措施》，2011年颁发《关于进一步加强招商引资促进产业转型升级的指导意见》。

2014年，广州市为贯彻落实《国务院办公厅关于支持外贸稳定增长的若干意见》精神，提出《关于支持外贸稳增长调结构的实施意见》，强调以创新推动产业转型升级。具体实施意见有：（1）大力发展外贸新业态。促进新型贸易发展、抓好跨境贸易电子商务试点和培育外贸综合服务企业。（2）确保出口稳定增长。支持企业抢抓订单和发挥各类外贸平台的作用。（3）着力优化外贸结构。推动出口结构调整、扩大进口贸易和加快发展服务贸易和服务外包。（4）优化贸易条件。提高贸易便利化水平和维护公平贸易秩序。（5）无强化财税金融保障。加大财政支持力度、加强出口退税支持、积极发展贸易金融和加大出口信用保险支持。

2015年，为大力培育外贸综合服务企业，给广大中小微企业开拓国际市场提供集成服务，推动外贸转型升级，广州市印发《关于促进外贸综合服务企业发展的实施意见》。

为推动广州市外贸供给侧结构性改革，进一步优化对外贸易发展环境，为外贸企业减负助力，促进外贸进出口稳定增长，2016年印发《关于促进进出口稳定增长的若干意见》。

广州在外贸转型升级方面的努力成效显著。2016年，全市机电产品出口额2 553.93亿元，比上年增长16.16%，占全市出口总值的50.73%；高新技术产品出口额854.37亿元，增长9.85%，占全市出口总值的16.97%。

第二节 广州对外贸易现状分析

一、2016年广州外贸总体情况

2016年广州进出口总值为8 566.92亿元,其中出口值和进口值分别为5 187.05亿元、3 379.87亿元,占比为60.55%和39.45%;顺差1 807.18亿元。加工贸易总额2 757.30亿元,占进出口总额的32.19%;一般贸易总额3 749.36亿元,占进出口总额的43.77%,一般贸易额较大幅度地超过了加工贸易额。详见表5-1。

表5-1　　　　　2016年广州市进出口总值及其结构

指标	绝对值(亿元)	占出口/进口比(%)
进出口总值	8 566.92	—
出口值	5 187.05	—
其中:一般贸易	1 903.56	36.70
加工贸易	1 680.37	32.40
其中:机电产品	2 692.16	51.90
高新技术产品	928.94	17.91
进口值	3 379.87	—
其中:一般贸易	1 845.80	54.61
加工贸易	1 076.93	31.86
其中:机电产品	1 466.06	43.38
高新技术产品	907.93	26.86
进出口差额	1 807.18	—

资料来源:2016年广州统计公报。

二、2017年广州外贸总体情况[①]

据海关统计，2017年广州市外贸进出口总值9 714.4亿元人民币，比上年同期增长13.7%，占同期广东省外贸总值的14.3%。其中，出口5 792.2亿元，增长12.3%；进口3 922.2亿元，增长16%。

从贸易方式看。2017年广州一般贸易进出口4 390.5亿元，增长17%，占同期进出口总值的45.2%，比重比2016年提升1.3个百分点；加工贸易进出口2 738.3亿元，微降0.7%，占28.2%，比2016年下降4.1个百分点。

从贸易主体看。2017年，广州市外商投资企业进出口4 141.5亿元，增长4.6%，占广州市进出口总值的42.6%，较上年下降3.7个百分点；民营企业进出口4 053.3亿元，增长26.9%，占41.7%，较上年提升4.3个百分点。国有企业进出口1 440.2亿元，增长5.4%，占14.8%。

从出口对象看。2017年，广州市机电产品出口2 983亿元，增长11.1%，占同期广州市出口总值51.5%；高新技术产品出口993.2亿元，增长6.9%，占广州出口总值的17.1%；传统劳动密集型产品出口1 772.9亿元，增长19.9%，占30.6%。

从进口对象看。进口以机电产品和农产品为主。2017年，广州市进口机电产品1 720.6亿元，增长17%，占同期广州市进口总值的43.9%。其中，进口汽车整车5 963辆，增长14.2%；进口飞机37架，比去年同期增加15架。此外，进口农产品406.2亿元，增长1.3%，占10.4%。

从主要贸易伙伴来看。2017年，广州对欧盟进出口1 448亿元，增长22.8%；对美国进出口1 246.1亿元，增长11.1%；对东盟进出口1 239.6亿元，增长20.1%；对日本进出口933.3亿元，增长10.7%；这四者合计占同期广州市进出口总值的50.1%。

从贸易新业态来看。2017年前11个月，广州跨境电商进出口货值203.5亿元，同比增长72.9%，占全国三成，各项指标自2014年连续4年位居全国首位。此外，南沙口岸2017年平行进口汽车到港量突破1万台，成为全国第二大平行汽车进口口岸；进口保税融资租赁飞机22架，价值120亿元，增长125%。

---

① 李大林，2017年广州市外贸进出口保持平稳较快增长［N］，广州日报，2018-1-23。

第三节　构建广州外贸可持续发展新机制

一、以转型升级提升外贸持续发展能力

广州要实现外贸转型升级，提升开放型经济国际竞争力，必须实现四个转变：一是要转变传统思维，拓宽世界眼光，增强主动参与国际经济竞争、学习追赶世界先进城市的胆识；二是要转变在发展国际贸易中片面追求总量、速度的观念，突出综合承载力和可持续发展能力建设，积极探索效益优先、生态优先、品质优先的国际贸易发展新路；三是要转变对比较优势的理解，确立以高新技术产品和服务贸易为主体的国际贸易主攻方向，着力促进现代服务业、高新技术产业和先进制造业有机融合、互动发展；四是要转变观念，着力推动对外贸易重要领域和关键环节发展改革攻坚。因此，实现广州外贸转型升级是一个长期的和巨大的系统工程，需要从多方面采取举措。①

1. 优化出口贸易商品结构

从 2016 年广州出口商品结构来看，广州出口商品的主要大类还是服装及衣着附件，贵金属或包贵金属的首饰，液晶显示板，箱包及类似容器，纺织纱线、织物及制品，家具及其零件等（详见表 5－2），总体而言大都属于劳动密集型的工业制成品。可见广州还需要进一步优化出口商品结构，增加资本密集型、技术密集型产品的出口。

表 5－2　　　　2016 年广州市主要商品出口数量、金额

商品名称	单位	数量	金额（亿元）
钢材	万吨	136	80.67
纺织纱线、织物及制品	—	—	188.68
服装及衣着附件	—	—	668.16
鞋	—	—	115.08
家具及其零件	—	—	172.29
自动数据处理设备及其部件	—	—	98.89

---

①　王菁. 中国外贸制度改革的博弈分析 [J]. 改革与战略, 2013 (1).

续表

商品名称	单位	数量	金额（亿元）
贵金属或包贵金属的首饰	吨	155	246.87
船舶	—		134.60
印刷电路	百万块	1 301	77.68
液晶显示板	万个	2 918	237.37
箱包及类似容器	万吨	28	200.83

资料来源：2016年广州统计公报。

2. 促进进出口市场多元化

从表5-3可以看出，2016年广州主要出口市场为中国香港、美国、欧盟、东盟等，分别占总出口额的18.54%、14.57%、13.33%、12.24%；进口市场主要为日本、欧盟、韩国、东盟、美国等，占比18.21%、14.56%、12.18%、11.73%、10.83%。广州对美国、欧盟和东盟具有贸易顺差，对日本和韩国具有较大贸易逆差。广州需要扩大对欧美进口，增加对"一带一路"沿线国家出口，促进进出口市场多元化。

表5-3　　　　　2016年广州主要进出口市场结构

国家和地区	出口总值（亿元）	占比（%）	进口总值（亿元）	占比（%）
中国香港	961.64	18.54	35.19	1.04
美国	755.53	14.57	365.99	10.83
欧洲联盟（28国）	691.43	13.33	495.12	14.65
东盟	634.67	12.24	396.53	11.73
日本	228.20	4.4	615.55	18.21
韩国	100.82	1.94	411.67	12.18
俄罗斯	59.55	1.15	5.63	0.17

资料来源：2016年广州统计公报。

3. 优化进出口贸易主体结构

从图5-1中可以看出，近年来广州进出口贸易主体排序为外企（外商及港澳台投资企业）、私营企业和国有企业。改革开放早期，外商及港澳台投资企业就一直处于外贸进出口的主导地位，近年地位相对有所下降。外企进出口额占比从1998年的64.9%下降至2008年的57.58%，又下降到2015年的48.17%。随着私营企业的迅速突起，进出口额从2008年的149亿美元增加到2015年的440亿美元，增长了近3倍；占比从2008年的18.21%增长至2015年的32.84%。而国有企业进出口额在2010年后保持在200亿美元以上并略有增长，但占比一直下降，从2008年的21.74%下降到2015年的18.01%。

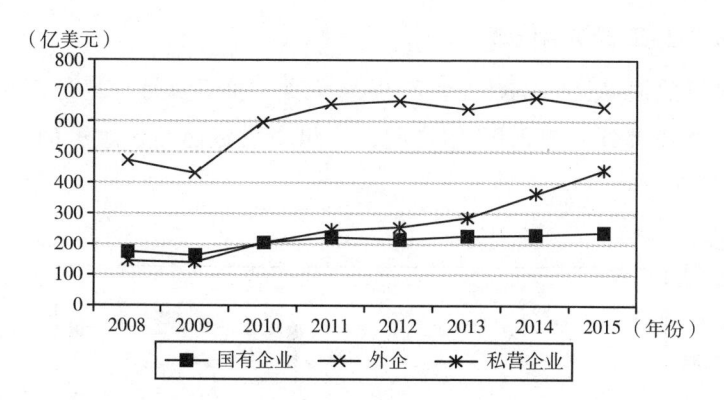

图5-1 2008~2015年广州进出口贸易主体结构

资料来源：历年广州统计年鉴。

另外，如图5-2所示，从广州出口贸易主体看，私营企业表现更加突出。在2015年，私企出口额基本上追上了外企（私营企业327.37亿美元、外企342.88亿美元），而外企和国有企业出口额从2011年之后基本上保持稳定。

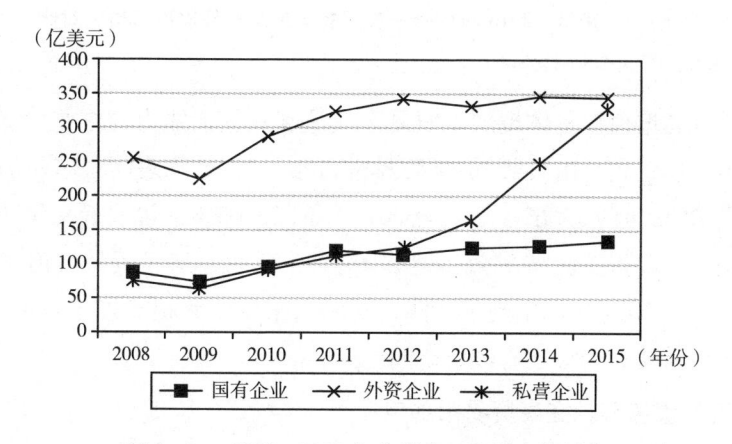

图5-2 2008~2015年广州出口贸易主体结构

资料来源：历年广州统计年鉴。

从广州进口贸易主体看，外企仍然是保持领先地位。2015年外企进口额占总进口额的57.31%，而私营企业、国有企业进口额各占21.29%和19.89%。广州这种外企领先的进口主体结构与加工贸易作为重要贸易方式有关。

未来，广州可以鼓励国企在出口端发力，私企、国企在进口端发力，实现贸易主体结构的优化平衡。

4. 提高加工贸易增值率

改革开放以来，广州对外贸易快速发展，加工贸易一直是广州对外贸易的重要组成部分。在2007年之后，广州一般贸易额超过了加工贸易额，如图5-3所示。

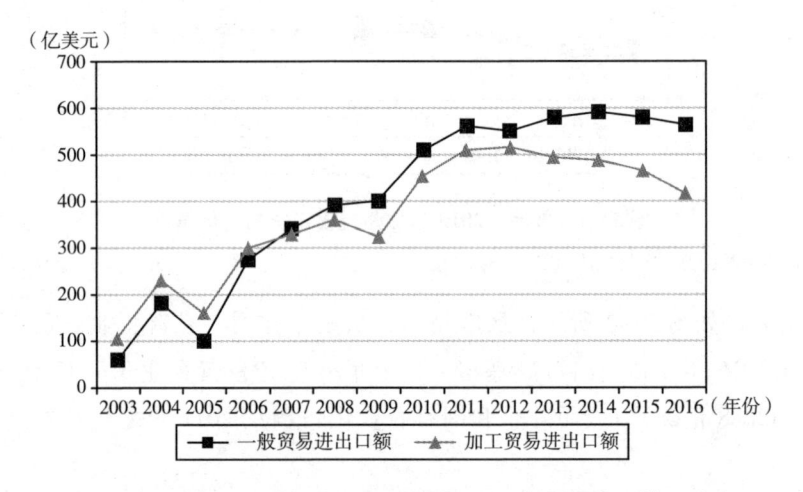

图5-3 2003~2016年广州一般贸易与加工贸易进出口情况对比

资料来源：历年广州统计公报。

加工贸易增值率是体现加工贸易企业盈利和创汇能力的重要指标。其计算方法为：加工贸易出口额/加工贸易进口额-1。数据表明，广州加工贸易增值率从2010年的34.62%增长至2016年的56.03%，说明近几年广州加工贸易转型升级取得了一些成效。但如图5-4所示，加工贸易增值率并不稳定，2011年、2014年还出现了下降，提示未来稳定和提高加工贸易增值率，促进加工贸易转型升级还有改善空间。

5. 延长价值链，提高贸易附加值

从价值链的角度看，贸易转型升级主要可从延长价值链、提高贸易附加值入手。例如加大贸易制造业的研发力度、产品品牌化、促进加工贸易从

OEM 转向 OBM、承接更高层次的产业转移、加大人力资源培养等；在后端拓展市场环节包括发展跨境电子商务、国际物流等。

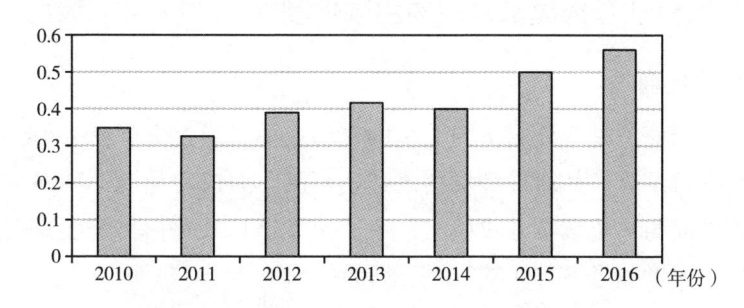

图 5-4　2010~2016 年广州加工贸易增值率

资料来源：历年广州统计公报并整理。

6. 进一步促进贸易便利化

近年来，广州海关、检验检疫、税务、外汇管理等部门积极探索完善通关模式，最大化地简化手续，提升贸易便利化水平，为企业提供更便捷的服务。主要包括：

（1）关检部门大力推动通关便利。广州海关实施"全关通"模式，实现了企业在广州关区内任一监管点申报，在白云机场、广州南沙等主要口岸验放。广东检验检疫局试点入境货物直通放行，打破区域内的关检辖区行政隔阂，在广东省内分别实施快核快放、即查即放、直报转检、速检速放的查验检测模式。（2）"三互"推进大通关改革。广州海关与广东出入境检验检疫局签订《关检"三互"大通关合作备忘录》，"泛珠三角"区域通关一体化将正式运作，实现"区域联动，多关如一关"。（3）加快国际贸易"单一窗口"建设试点。南沙区口岸、白云机场综保区、黄埔区口岸都已开展"单一窗口"试点。海关统筹推进区域通关一体化、无纸化通关等多项通关改革。（4）配合海关 16 项先行先试措施以及复制推广上海自贸试验区 19 项海关监管创新制度，广州市海关特殊监管区域在一些保税新业务方面实现通关突破。南沙保税港区和白云机场综合保税区的监管环境已可以满足境内外维修、期货保税交割和融资租赁等创新业务运作。（5）白云空港实施空港、公路港、铁路港、海港和信息港的"五港联动"，形成以空港为中心，覆盖珠江三角洲地区的 1 小时服务范围。机场的"空港医药品集散中心"实施"先入中心、后报关"监管模式。机场建成了跨境电商运营试验区域，推动建设"跨境电商退税无纸化申报",建立检验检疫"智检口岸"公共服务平台。

二、以新业态构建未来贸易引领机制

1. 跨境电商

跨境电子商务是指分属不同关境的交易主体,通过电子商务平台达成交易、进行支付结算,并通过跨境物流送达商品、完成交易的一种国际商业活动。跨境电商与传统贸易方式相比,除了一部分 B2B 是由传统贸易直接搬上互联网外,还增加了 B2C 和 C2C 渠道和平台。

(1)广州跨境电商基本情况。

近年来,广州跨境电商一直居于全国首位,为广东跨境电商领跑全国奠定了坚实的基础。由表 5-4 可看出,2016 年全国跨境电子商务进出口总值 499.6 亿元人民币,比上年同期增长 38.7%。广州市跨境电商进出口总值 146.8 亿元,增长 1.2 倍,约占全国跨境电商进出口总值 3 成（29.4%）。其中,出口 86.5 亿元,增长 1.5 倍,占全国比为 36.3%;进口 60.3 亿元,增长 83.2%,占全国比为 23.1%。[1] 在全国 60 个开展跨境电商进出口业务的城市中,广州市业务规模继续稳居全国第一。[2]

表 5-4　　　　　　　广州跨境电子商务进出口额规模

年份	广州			全国	广州跨境电商进出口总额占比（%）
	总额（亿元）	出口额（亿元）	进口额（亿元）	总额（亿元）	
2016	146.8	86.5	60.3	499.6	29.4
2015	67.7	34.5	33.2	360.2	18.8

资料来源：国家海关和广州海关。

(2)广州发展跨境电商的潜力。

广州拥有强大的贸易信息网络和物流网络,是珠三角最大的物流中心,是电商巨头在华南地区的仓库和货物集散中心。2015 年广州市货运量为 94 303 万吨,占全省 376 434 万吨的 25%,约是排名第二位城市深圳的 3 倍。从快递行业发展情况看,2016 年广州快递业务量累计 286 698.2 万件,位于

---

[1] 李江涛、肖振宇、荀振英等. 广州蓝皮书：广州商贸业发展报告（2016）[M]. 北京：社会科学文献出版社,2016.7.

[2] 张卓敏. 跨境电商"广州模式"精耕细作占鳌头[N]. 国际商报,2017-2-9.

全国第一位，超过上海 260 274.4 万件和深圳 204 503.2 万件；快递业收入为 2 754 615.6 万元，列全国第三位，位于上海（7 095 143.5 万元）和深圳（2 983 449.2 万元）之后。①

广州所在的珠三角城市群是我国最大的消费品生产地，2016 年珠三角地区生产总值 67 841.85 亿元，约占全省 GDP 的八成。2016 年珠三角轻工业企业 15 470 个，工业总产值 37 588.16 亿元，工业增加值 8 960.28 亿元，主营业收入为 35 949.93 亿元。广州是我国重要的国际商贸中心之一，也是内贸流通中心城市。2016 年广州市外贸进出口额 8 566.9 亿元，规模居全国第六位，同比增长 3.1%。2016 年全市实现社会消费品零售总额 8 706.49 亿元，同比增长 9.0%；批发零售业商品销售总额 55 972.75 亿元，增长 10.0%。②可见广州拥有雄厚的内外贸易基础，具有发展跨境电商的巨大潜力。

（3）跨境电商零售进口新政。

2016 年 4 月 8 日财政部、发展和改革委员会出台关于跨境电商零售进口的新政策，通称"四八新政"。新政主要包括跨境电商零售进口税收新政策以及在之后公布的两批跨境电商零售进口"正面清单"。由于新政导致跨境电商零售进口急剧下滑，5 月 24 日，国家海关总署核发《海关总署办公厅关于执行跨境电子商务零售进口新的监管要求有关事宜的通知》，针对 4 月 8 日推出的跨境电商新政做出适当调整。此次监管方案规定新的监管要求过渡期为 1 年，截止时间延长至 2017 年 5 月 11 日，企业暂时获得调整的时间。2016 年 11 月 15 日，商务部发布消息称，"过渡期进一步延长至 2017 年底"。

根据财政部、海关总署、国家税务总局发布的通知，从 4 月 8 日起跨境电商零售进口商品不再按邮递物品征收行邮税，而改为按货物征收关税和进口环节的增值税和消费税，并将四档税目（对应税率分别为 10%、20%、30%、50%）调整为三档，调整后为三档税率分别为 15%、30%、60%。新税制的实施，意味着我国在跨境电商进口发展初期实施的按个人物品征收行邮税的低"门槛"、低税率的政策红利结束，尤其是取消免税额政策，表明昔日购买 500 元以下低价母婴产品、食品、保健品、化妆品等个人消费品的"免税时代"宣告终结。

---

① 国家邮政局网站，http://www.spb.gov.cn。
② 广州统计局网站，http://www.gzstats.gov.cn。

财政部等 11 部门公布的《跨境电子商务零售进口商品清单》（即进口新政之"正面清单"）规定，"网购保税商品'一线'进区时需按货物验核通关单"。只有清单上的商品能够按照跨境电商零售进口的新税制来进口，清单之外商品仍执行一般贸易税收政策或行邮税政策。清单共包括 1 142 个 8 位税号商品，包括部分食品饮料、服装鞋帽、家用电器以及部分化妆品、纸尿裤、儿童玩具、保温杯等。

新政未实行时，大家关注的重点在税制改革上，很多人认为税制调整对行业影响不大。实施后，发现"正面名单"即《跨境电子商务零售进口商品清单》才是压在跨境电商胸口的一块大石。在实际操作中，因为部分跨境电商无法提供通关单所需的资质、单据证明，导致一些商品无法进口，一度面临无货可卖的尴尬状况。随着 2017 年底新政有关监管的规定正式实施，预期新政将导致跨境电子商务企业洗牌，大型跨境电商企业依靠自身的实力得以生存，而部分中小企业将被淘汰出局。

（4）广州推动跨境电商发展的对策。

提高通关效率和通关服务水平。近年来，广州依托白云机场综合保税区、南沙保税港区、广州保税区等海关特殊监管区域优惠政策，利用电子口岸平台优势与数据共享机制，重点开展了网购保税（B2B2C）进口、直购进口（B2C，邮件/快件业务）、零售出口（B2C，邮件/快件业务）三大类业务。顺畅的通关环境，优质的通关服务吸引了阿里巴巴、京东、唯品会、网易考拉、苏宁易购、亚马逊等大型电商纷纷选择广州海关通关。这也带动了卓志物流、中远国际、顺丰、威时沛运等本地物流企业的发展，初步形成了完整的跨境电子商务生态圈。自 2016 年 1 月，广州市设立跨境电子商务综合实验区后，广州海关在有效监管的同时着力提升"通关效率"及"通关服务"。建立了"物流畅顺、通关便捷、监管有效"的跨境电商通关"广州模式"，实现了跨境电商的标准化自动化报关、无纸化智能化通关，95% 以上的跨境商品实现通关"秒放"。这个做法被海关总署作为经验向全国推广。①

探索建立跨境电商监管模式。当前广州市正推进南沙自贸试验区有关试点工作，探索建立跨境电商监管模式，构建与国际惯例接轨又具有南沙特色

---

① 许晓冰，广州跨境电商为何这么"牛"？[N]. 南方日报，2016-7-26.

的管理体系。下一步,广州海关将大力推进跨境电子商务"B2B"及"特殊区域出口"等业务模式,以更加高效便捷的通关模式释放市场新活力,促进新型业态发展,吸引各类企业聚集。

试行跨境电商备案制。广州率先试行跨境电商备案制管理,放宽了市场准入条件,有效地激发了市场活力。截至2015年底,广州经备案的跨境电商企业共达879家,其中平台企业、物流企业及支付企业分别为735家、107家及37家,广州初步形成跨境电商平台、仓储、物流、支付等相关产业链。①

构建"单一窗口"公共服务平台。在构建"单一窗口"公共服务平台方面,广州正探索建立数据标准和认证体系,让海关、检验检疫、税务、外汇管理、商务、工商、邮政等政府部门进行数据交换和互联互通,为经营主体提供企业备案、商品备案、汇总申报等一站式服务,实现跨境电子商务领域的"一次申报、一次查验、一次放行"和相关业务的"单一窗口"办理。②

2. 融资租赁

融资租赁也称设备租赁或者现代租赁,是现代化大生产条件下产生的实物信用与银行信用相结合的新型金融服务形式,是集金融、贸易、服务为一体的跨领域、跨部门的交叉行业。大力推进融资租赁发展,有利于转变经济发展方式,促进二、三产业融合发展,对于加快商品流通、促进技术更新、缓解企业融资困难、提高资源配置效率等方面都具有重要意义。③

(1) 广州融资租赁发展现状。

据广州市商务委统计显示,2015年以来,广州融资租赁稳步发展,截至2016年底,全市融资租赁企业累计达293家,注册资金总额已达到800亿元,合同金额超1 000亿元。④ 由于南沙自贸片区在政策和税收方面的便利,广州融资租赁业主战场在南沙自贸区:2016年南沙区新增融资租赁企业146家,至2016年底总数为254家,占全市的86.69%。南沙区融资租赁合同金

---

① 罗谷松. 广州打造中国跨境电商中心的对策研究 [J]. 当代经济, 2017 (12).
② 周国辉. 广州地区跨境电商的现状及发展研究 [J]. 中国市场, 2018 (3).
③ 程和明. 融资租赁业务的创新及发展 [J]. 今日财富, 2018 (2).
④ 朱伟良等. 广州融资租赁飞机业务"迎风起航" [N]. 南方日报, 2017-4-30.

额从2014年的90亿元增长到2016年的930亿元，翻了近10倍。其中飞机融资租赁也从2015年实现了突破，2016年突飞猛进，企业新增至11家；船舶融资租赁也在2016年实现了突破。详见表5-5。

表5-5　　　　　　　　南沙自贸片区融资租赁行业发展情况

年份	2014	2015	2016	截至2016年底总数
新增融资租赁企业数（个）	40	114	146	254
合同金额（亿元）	90	236	930	—
飞机融资租赁企业数（个）	0	1	11	12
船舶融资租赁企业数（个）	0	0	1	1

资料来源：南沙区统计局网站。

不过，与其他融资租赁业强市如天津相比还有较大差距。目前天津已经占据了全国1/4的融资租赁业务量，以飞机融资租赁为例，截至2017年一季度，广州南沙通过租赁方式引进飞机15架，涉及金额11.5亿美元；而在同期天津东疆保税区累计完成874架飞机租赁业务，远超于广州。

（2）广州发展融资租赁的政策和条件。

广州是较早出台支持融资租赁业发展的城市，早于上海、深圳等地。2014年9月广州就出台了《关于加快推进融资租赁业发展的实施意见》（简称《意见》），《意见》对广州融资租赁业发展的目标与思路、支持措施、风险防控体系、组织保障等方面做出了详细规定。包括"2014年起，每年在我市战略性主导产业发展资金中安排9 000万元作为市扶持融资租赁产业奖励资金，试行3年"等强有力的支持措施。2016年4月广州再次出台《关于进一步加快融资租赁业发展的工作方案》（简称《方案》），《方案》涵盖放宽企业准入及经营条件、解决企业融资困难、加大财政扶持力度、推动自贸试验区创新集聚发展、规范行业健康发展等5个方面共29条工作措施，并明确了各部门的责任分工。

广州南沙开发区国税局立足南沙国家新区、自贸试验区的"双区叠加"优势，用活全国国税地税合作县级示范区政策，国地税联动，形成合力。从政策角度和企业经营实际出发，为企业的经营提出涉税建议，并建立融资租赁重点项目预先裁定机制；组建税收政策服务专家团队，推行重点项目定制式服务。

广州是国家三大中心城市之一，2016 年广州市实现地区生产总值（GDP）19 610.94 亿元。全年规模以上工业增加值 4 877.85 亿元，其中规模以上高技术制造业增加值 664.55 亿元。全年规模以上汽车制造业、电子产品制造业和石油化工制造业三大支柱产业完成工业总产值 9 693.48 亿元，增长 7.6%。可见，广州具有发展融资租赁的产业基础。此外，广州拥有全国三大航空枢纽之一的白云机场，拥有华南沿海功能最全、规模最大、辐射范围最广的综合性枢纽的广州港。这些都是广州发展融资租赁的良好条件。

(3) 广州发展融资租赁的思路与对策。

拓宽融资渠道。 融资租赁行业是个资金密集型行业，需依靠强大的资金支持才能生存和发展。广州虽然也逐步放开了融资渠道，如《关于进一步加快融资租赁业发展的工作方案》提出国内外银行、保险、证券、私募基金等机构可以在南沙自贸区以设立多币种租赁投资基金，以实现融资，但现今南沙区除了少数具有大型国企背景的融资租赁企业（如南航国际租赁、中交租赁、粤财金租）外，其余大部分融资租赁企业为中小企业，其资金来源于仍然要靠资本金。

降低内资的准入"门槛"。 当前融资租赁行业对外资给予了比内资更低的准入"门槛"。2016 年底，我国登记在册的融资租赁企业数量共计 6 158 家，其中内资试点企业 204 家（占 3%），外资租赁企业 5 854 家（占 95%）。外资租赁企业占据绝对优势，部分空壳外资租赁企业专门从事租赁公司转让生意——说明内资有设立融资租赁企业的需求，但却只能从外资租赁公司购买。

注重与实体经济相结合。 融资租赁公司的设立目的是为了给制造业和服务业提供设备租赁，促进实体经济发展；但是当前部分融资租赁公司的主要业务是以售后回租的方式进行"变相银行贷款"。未来，融资租赁企业服务实体经济还是需要从租赁的本质商业属性出发，以租赁资产为核心，通过经营性租赁收入、残值处理或者咨询服务等产生利润。

3. 离岸贸易

(1) 离岸贸易的定义。

离岸贸易（offshore trade）是指贸易的买方和卖方都是在境外且不进

入本地海关的贸易方式，起源于19世纪末的日本综合商社海外经营活动，兴起于最近二十多年跨国公司的发展以及信息网络技术的广泛应用。离岸贸易主要从转口贸易发展而来，与转口贸易的根本区别是不在本地清关，实现了货物流、资金流和信息流的分离，实质上是一种中间商贸易。

从生产关系的角度考虑，离岸贸易可以分为"转手商贸活动"和"与离岸交易有关的商品服务"，① 其区别在于"转手商贸活动"中货物的所有权经过中间商，中间商赚取商品差价；而"与离岸交易有关的商品服务"中间商只是做了代理，撮合买卖双方实现交易，从中赚取佣金。从运输方式来看可以分为转运贸易和直接运付，其区别在于货物是否经过中间商所在的国家或者地区，但均不在中间商所在地清关。按照是否属于同一个企业可分为企业间离岸贸易和企业内离岸贸易，企业内离岸贸易指跨国公司各子公司之间的离岸贸易。

（2）中国香港发展离岸贸易的经验借鉴。

从全球范围看，伦敦、纽约、香港、新加坡、东京等城市的离岸贸易发展得较为成功，虽然各自发展的历程存在差异，但发展的经验和条件都有相似之处。

中国香港的离岸贸易源于长期以来与中国内地的转口贸易。20世纪80年代随着香港制造业转移到内地，香港的转口贸易快速发展。但进入21世纪以来，内地进一步扩大对外开放，也完善了港口设施建设，香港转口贸易优势逐步弱化。不过，由于香港长期以来是全球最自由的经济体之一，法律健全、税率低和高效的政府工作效率吸引来自世界各地的跨国公司在香港设立地区总部；同时也由于港资需要异地管理珠三角企业，香港离岸贸易快速发展。1995年香港离岸贸易占香港GNP的3.8%，到2000年香港离岸贸易额达14 250亿港元，超过转口贸易额13 917亿港元；至2015年香港离岸贸易额为43 349.35亿港元。其中，转手贸易活动的毛利率从2006年的8.1%下降至2015年的6.3%，最低2014年为5.3%；而与离岸交易有关的商务服务的佣金率却从2006年的3.9%增至2015年的6.9%，说明离岸贸易具有较好的发展前景。详见表5-6。

---

① 此为香港特区政府统计处的分类界定。

表 5-6　　　　2006~2015 年中国香港离岸贸易发展情况

年份	离岸贸易货品价值		转手贸易活动			与离岸交易有关的商务服务		
	贸易额（亿港元）	环比（%）	贸易额（亿港元）	毛利（亿港元）	毛利率（%）	贸易额（亿港元）	佣金（亿港元）	佣金率（%）
2006	23 464.70	12.4	17 816.76	1 434.95	8.1	5 647.94	222.55	3.9
2007	26 589.38	13.3	20 726.86	1 613.26	7.8	5 862.52	246.33	4.2
2008	33 628.19	26.5	27 703.18	1 764.79	6.4	5 925.01	275.74	4.7
2009	29 311.56	-12.8	24 708.13	1 714.91	6.9	4 603.43	251.11	5.5
2010	38 862.99	32.6	33 374.03	2 033.25	6.1	5 488.96	301.26	5.5
2011	44 669.56	14.9	38 568.77	2 304.62	6.0	6 100.80	312.98	5.1
2012	46 689.57	4.5	40 456.16	2 390.21	5.9	6 233.41	331.46	5.3
2013	49 543.94	6.1	44 066.39	2 459.45	5.6	5 477.55	323.66	5.9
2014	52 302.42	5.6	47 331.41	2 509.04	5.3	4 971.01	330.30	6.6
2015	43 349.35	-17.1	38 718.64	2 434.07	6.3	4 630.71	321.00	6.9

资料来源：香港特区政府统计处网站。

中国香港离岸贸易的主要目的国为美国、中国内地、英国、德国和日本，其中美国约占 1/3，中国内地约占 1/5。

（3）广州发展离岸贸易面临的障碍与对策。

广州发展离岸贸易面临的障碍也是明显的：首先，从体制看，现行的国家外汇管理制度不利于开展离岸贸易，因为现行的外汇管理制度根源于一般贸易和加工贸易，要求单证与资金流相统一、且币种一致才能给予结汇，与离岸贸易资金流与货物流相分离不符；其次，我国没有实现人民币资本项目可兑换；最后，与中国香港、新加坡等地相比，广州专业服务业发展程度低。

不过，广州仍然可以以南沙自贸片区为基础发展离岸贸易。从离岸贸易的定义看，自贸区发展离岸贸易是基于自贸区是一个独立的关税区，自贸区外则是另一个关税区，那么利用各种政策和优惠在自贸区处理境内企业（且不在自贸区里）与国外的贸易业务就成了离岸贸易。

例如，以广东自贸区内企业作为贸易服务提供商分别与区外境内出口企业和国外进口商，或者与区外境内进口企业和国外出口商订立买卖合约，货物由国内出口地直接交运国外进口地或国外出口地直接交运国内进口地，但单据押汇或托收经过广东自贸区贸易服务提供商处理。[①] 广州作为华南地区

---

① 杨广丽. 大力发展离岸贸易、加快广东自贸区服务功能升级 [J]. 广东经济，2015（10）.

的贸易中心城市，且珠三角有众多生产企业，广州具有发展离岸贸易的先天优势。要把这种优势转化为实际的离岸贸易，还要有与企业开展离岸贸易业务相适应的政策措施，包括在自贸区实施更为宽松的外汇管理。

三、发展服务贸易优化贸易结构

1. 广州服务贸易发展状况

近年来广州服务贸易快速增长。2012年广州服务贸易进出口总额达401.53亿美元，比2006年的68.9亿美元增长4.83倍；年均增速达到34.15%，高于货物贸易的年均增速（10.67%）；目前服务贸易企业达8 000多家。在服务贸易11个行业类别中，规模居首位的"其他商业服务"（包括转口贸易及贸易佣金、经营性租赁服务、法律、会计、管理咨询和公共关系服务等）占服务贸易总额的68.17%；第二位"与运输有关的服务"占11.60%；第三位"旅游"占8.86%。以上形成了广州服务贸易三大优势行业。其中与香港地区的服务贸易额为近200亿美元，占全市服务贸易额的近一半。[①]

全年登记软件出口合同1 015份，合同金额7.26亿美元，同比增长7.55%，执行金额5.16亿美元，同比增长13.66%。在2012年商务部全国软件出口（创新）基地城市能力评估中广州跃居第二名。登记技术引进合同767个，同比增长40.2%，合同总金额14.17亿美元，同比增长35.96%，在全国排名第六位。技术出口登记合同57个，技术出口金额3.77亿美元，同比增长16.02%（详见表5-7）。[②]

表5-7　　　　　2012年广州市服务贸易跨境收支情况

项目	跨境收支		跨境收入		跨境支出		跨境收支差额（万美元）
	交易金额（万美元）	同比增速（%）	交易金额（万美元）	同比增速（%）	交易金额（万美元）	同比增速（%）	
服务	4 015 255.22	67.32	2 109 268.71	69.55	1 905 986.51	64.92	203 282.20
与运输有关的服务	465 932.57	16.12	309 423.30	20.42	156 509.26	8.46	152 914.04

① 欧开陪，等. 大力发展服务贸易，打造广州外贸发展的新引擎［R］. 广州建设国际商贸中心研究（第一辑），北京：中国图书出版集团，2011.

② 广州市对外经济贸易合作局网站。

续表

项目	跨境收支		跨境收入		跨境支出		跨境收支差额（万美元）
	交易金额（万美元）	同比增速（%）	交易金额（万美元）	同比增速（%）	交易金额（万美元）	同比增速（%）	
别处未提及的政府服务	11 864.30	8.22	5 821.26	-13.39	6 043.04	42.45	-221.77
其他商业服务	2 737 383.12	123.50	152 3081.14	125.97	1 214 301.98	120.48	308 779.17
旅游	355 948.35	19.98	29 048.87	-10.00	326 899.47	23.64	-297 850.60
通信服务	12 990.02	12.12	12 113.08	17.16	876.93	-29.66	11 236.15
建筑、安装及劳务承包服务	151 485.23	-26.68	149 432.56	-27.04	2 052.67	14.57	147 379.89
保险	16 142.66	5.61	10 094.72	33.75	6 047.94	-21.84	4 046.77
金融服务	2 728.34	60.40	133.45	337.30	2 594.89	55.34	-2 461.44
计算机和信息服务	78 651.76	37.64	65 577.76	40.72	13 074.00	23.99	52 503.76
专有权利使用费和特许费	175 116.97	4.68	4 053.60	-7.44	171 063.36	5.01	-167 009.76
体育、文化和娱乐服务	7 011.91	7.93	488.95	27.19	6 522.96	6.72	-6 034.00

资料来源：广州市对外经济贸易合作局网站。

不过，广州服务贸易的规模仍然相对较小。虽然广州服务贸易额在全国排名第四，但与上海、北京比较，只占上海、北京服务贸易额的17.03%和25.80%。广州服务贸易额占广东省比重达到36%，但相比深圳42%，差距还很明显；广州服务贸易主要集中在商业服务和运输等传统服务业领域，现代服务业所占的比重小。

2. 广州提升服务贸易竞争力水平的方向

在经济全球化条件化下，贸易竞争力成为衡量该国（地区）产业国际竞争力的主要指标。贸易竞争力指数（TC指数）是对国际竞争力分析时比较常用的测度指标之一，目前已成为衡量一国（地区）产品贸易竞争力状况的

重要指标。其计算公式为:

$$TC = \frac{X_i - M_i}{X_i + M_i}, \quad (5.1)$$

其中, X_i 为一国 i 产品出口额, M_i 为该国 i 产品进口额。$TC \in [-1, 1]$, 值越大, 则贸易竞争力越强; $TC = -1$, i 产品完全处于逆差状态, 越接近于 -1 表示 i 产品竞争力越薄弱; $TC = 1$, i 产品完全处于顺差状态, 越接近于 1 则表示 i 产品竞争力越大; 其值越接近于 0 表示竞争力越接近于平均水平。

表 5-8 分别给出了 2012 年广州服务贸易细类项目的 TC 指数及其与深圳、香港及新加坡竞争力指数的对比情况。广州在通信服务和计算机与信息服务贸易上具有较强竞争力, 2012 年其 TC 指数分别达到 0.86 和 0.67; 在交通服务领域, 广州交通服务的指数为 0.33, 高于深圳和新加坡; 咨询等行业竞争力很弱, 持有微弱顺差; 在版税服务、金融服务、旅游服务等现代服务业领域显示出明显劣势。深圳保险服务、计算机和信息服务以及政府服务的竞争指数较高。新加坡服务贸易优势项目主要集中于金融服务（TC 指数 0.66）、建筑服务（0.34）和政府服务（0.21）。

表 5-8 2012 年广州服务贸易竞争力的国际比较（TC 指数）

类 型	广州	深圳①	新加坡	香港
交通服务	0.33	0.04	0.09	0.32
旅游服务	-0.84	-0.71	-0.08	0.23
通信服务	0.86	-0.17	Na	Na
建筑服务	0.97②	0.12	0.34	Na
保险服务	0.25	0.43	-0.20	-0.08
金融服务	-0.90	-0.82	0.66	0.56
计算机与信息服务	0.67	0.62	Na	Na
版税服务	-0.95	-0.94	-0.82	Na
其他商业服务	0.11	0.00	-0.10	Na
政府服务	-0.02	0.66	0.21	Na

资料来源: 广州对外经济贸易合作局, UNCTAD 数据库（Na 表示数据不可得或竞争劣势项目）。

① 深圳服务贸易进出口额来源于国家外汇管理局深圳分局 2011 年数据。
② 广州统计口径包含建筑、安装及劳务承包服务贸易的进出口数据, 与香港地区统计口径不一致。

3. 提升广州服务外包水平

（1）广州服务外包发展现状。

作为全国服务外包发展示范城市，广州在服务外包经营规模、企业数量及企业资质、载体建设等方面处于全国前列，规模快速扩大。2016年广州承接国际服务外包合同执行金额38.67亿美元，承接在岸服务外包合同执行金额18.27亿美元。从服务外包企业看，2016年广州拥有服务外包企业1 075家，其中有离岸业务的服务外包企业304家，2016年广州新增服务外包企业150家，增长16.22%。

广州服务外包产业结构不断优化。2016年广州服务外包企业中高技术服务业企业222家，占总服务外包企业数的20.65%；技术先进型服务企44家。单个企业规模逐步扩大，2016年年营业额500万美元及以上的企业数431家，从业人员500人以上的企业数198家。

从广州服务外包企业资质情况看，2016年广州服务外包企业通过国际资质认证企业344家，企业通过的国际资质认证数量373家。从服务外包的载体——服务外包园区来看，2016年广州开展服务外包业务的专业园区13个，园区服务外包收入占城市服务外包收入的比重98%，主要在广州开发区。

从就业情况看，2016年广州服务外包企业从业人员42万余人，新增就业人员7.5万人，增长21.63%；其中，新增大学生就业人员45 113人，新增经培训后就业人员14 235人。就业人员中，含留学归国人员4 477人、外籍员工1 914人和高校服务外包相关专业毕业生20 688人。

（2）广州承接服务外包的基础和条件。

基础设施。 与服务外包密切相关的基础设施包括信息技术基础设施水平、电力设施水平、交通运输水平等。从信息技术基础设施水平看，2016年广州互联网宽带接入用户546.9万户，移动互联网用户1 451.8万户。体现电力设施水平的指标为用户年平均停电时间，2016年为2.05小时/户。交通运输水平包括民航客运量和铁路客运量指标，2016年广州民航客运量7 045万人次，铁路客运量13 647万人次。从商务成本看，2016年广州人均通信费用76元/月，用电平均价格0.658元/度，商品房平均销售价格14 612元/平方米。

公共服务。 公共服务水平的指标为公共服务平台数量、知识产权保护和信息安全保护。2016年广州公共服务平台数量58个；广州有知识产权保护地方性法规，知识产权司法案件结案率68.68%；广州出台了互联网信息安全、商业数据保密相关的地方性政策法规。

人力资源。从培训和实训情况看，2016年在广州的服务外包培训机构达30个，服务外包培训机构培训/实训人员56 746人。从人才储备情况看，2016年广州服务外包企业接纳实习大学生4 461人；见习高校毕业生5 011人。

(3) 广州扩大承接服务外包的思路与对策。

构建促进服务外包发展的政策体系。落实国家和省关于加快发展服务外包的部署要求，加快制定和完善《广州市服务贸易示范区和示范基地认定和管理办法》《广州市服务贸易示范企业和重点培育企业认定管理办法》等政策法规。落实财税、金融、人才和投资环境等保障政策，全面促进服务外包创新发展。

完善知识产权保护。知识产权保护是发展服务外包的重要保障，只有拥有完善的知识产权保护体系，才能让发包商放心把业务外包出来，不用担心出现知识产权问题。广州也需要在这方面着力，增加对国际服务外包方的吸引力。

培养服务外包人力资源。一般来说，服务外包的发包方属于欧美日等发达国家，因此掌握相应语言的人才十分重要，如拉美国家承担了美国和西班牙语国家的大部分服务外包业务，原因在于语言优势。其次，由于服务外包属于技术密集型产业，需要知识和技术方面的积累。因此培养具有语言和计算机知识复合优势的服务外包人才十分重要。

加强基础设施建设，尤其是通信网络建设。除了人力资源因素外，反映承接能力的还有基础设施情况，尤其是通信网络情况。与一些国际大都市相比，广州的网络基础设施还有提升的空间。

第六章

创新广州双向投资管理体制

第一节 改革开放以来广州投资管理体制变革的历程

一、招商引资

1986年,广州制定了《鼓励外商投资的实施办法》。1990年,为发挥广州市优势,进一步吸引外资,中共广州市委、广州市人民政府作出《关于进一步做好吸引台资工作的若干决定》。1993年颁布《关于鼓励引进人才、资金、技术的若干政策规定》,1995年颁布《外商投资企业管理条例》以加强对外商投资企业的管理,保障外商投资企业及其职工的合法权益。1997年颁布《关于改善广州投资环境若干意见》以及《关于改善我市投资环境十项措施的通知》,1998年印发《关于进一步改善投资软环境的若干规定》。

2005年,面对发展新形势、新任务,为了进一步增强广州经济竞争力以及对国际资本的吸引力,不断提高利用外资质量与水平,广州制定了《关于进一步优化投资环境做好招商引资工作的实施意见》。其中提出:明确产业导向,促进经济发展模式转型;抓好招商载体建设,推动招商引资区域协调发展;拓宽外资进入渠道,提高利用外资的水平、质量和优化投资环境,建设适宜创业发展的现代化大都市;加强组织领导,完善招商引资激励机制。

2006年为进一步扩大对外开放,改善投资环境,制定了《广州市鼓励外商投资设立总部和地区总部的规定》。2011年,广州市政府颁发《关于进一步利用外资工作的实施意见》《关于进一步加强招商引资促进产业转型升级的指导意见》。2011~2013年,推进落实"新广州·新商机"国内外系列推介会签署的招商引资项目。

1987~2016年,广州市外商直接投资金额一直保持稳步增长。截至2015年底,广州市有283家世界500强企业投资设立720家企业,投资总额491.5亿美元。2016年广州市新批外商直接投资企业1 757家,合同外资金额99.01亿美元,实际使用外资57.01亿美元。

二、"腾笼换鸟"与双转移战略

2008年5月,中共广东省委、广东省人民政府发布《关于推进产业转移和劳动力转移的决定》,正式提出"双转移战略",具体指的是珠三角劳动密集型产业向东西两翼、粤北山区转移;而东西两翼、粤北山区的劳动力,一方面向当地第二、第三产业转移,另一方面其中的一些较高素质劳动力,向发达的珠三角地区转移。

"双转移战略"实施以来,广东共拿出400多亿元,扶持粤东西北地区完善基础设施、建设产业转移园、发展重点产业和开展免费技能培训。其中,拿出75亿元竞争性资金扶持了15个省级示范性产业转移工业园,拿出35亿元免费培训农村劳动力。

2008年,广州市出台《关于加快推进广州市产业转移和劳动力转移的实施意见》及《关于加快发展现代服务业的决定》,进一步调整优化产业布局,完成了琶洲员村地区、城市新中轴线区域、白鹅潭经济圈和白云新城及周边地区等四个重点功能区规划,加快了中心城区产业"退二进三"和产业、劳动力"双转移"步伐。2009年共向市外转移企业61家,停产、关闭或搬迁"退二"企业95家,淘汰落后企业270多家,利用旧厂房(仓库)发展现代服务业项目60多个。全市万元生产总值能耗下降4%以上,二氧化硫和化学需氧量排放量分别下降8%以上和6.2%以上。

三、"走出去"鼓励机制

进入21世纪以来,广州企业对外投资步伐不断加快,对外投资总额从 2002 年的 924 万美元增至 2013 年的 20.02 亿美元，年均增长 63%。在体制方面，广州企业"走出去"服务机制逐步形成：2009 年，广州市出台了《关于加快实施"走出去"战略若干意见》，广州市外办、广州海关黄埔海关、市国税局等部门相继出台推动企业实施"走出去"战略政策和服务措施，从加快出境审批、简化境外投资审批程序、加大财政支持力度、放宽境外投资资金管制、便利企业出口通关手续、消除企业双重征税、推出"走出去"专项贸易金融服务产品系列、政策性出口信用保险服务等方面支持企业"走出去"，大力拓展经济国际化的发展空间。

2014 年，商务部新修订的《境外投资管理办法》正式实施，按照该《办法》，10 月 6 日起，除了一些敏感国家和一些敏感行业的对外投资需政府来核准外，我国企业境外投资 98% 的内容不再需审批，只需备案。境外投资管理新政提高了广州企业境外投资便利化水平。

2015 年，广州市出台了《广州市支持外经贸发展专项资金管理办法》，该《办法》明确外经贸发展资金将用于鼓励企业"走出去"、发展外贸新业态等领域；提出推动广州各种所有制经济实体开展境外投资，开展境外农、林和渔业合作，对外承包工程和对外劳务合作等。

四、市场准入负面清单

2015 年，广东自贸区获批后，广州南沙自贸片区适用《自由贸易试验区外商投资准入特别管理措施（负面清单）》（2015 版）。

2017 年，《自由贸易试验区外商投资准入特别管理措施（负面清单）（2017 年版）》自 7 月 10 日起在南沙自贸片区实施。《自贸试验区负面清单》依据《国民经济行业分类》（GB/T 4754—2011）划分为 15 个门类、40 个条目、95 项特别管理措施，与上一版相比，减少了 10 个条目、27 项措施。

到 2015 年底广州南沙新区已有 133 家外资企业完成外商投资备案，涉及注册资本 122 亿元；已办理 72 个内资投资项目备案，涉及投资总额超 188 亿元。截至 2016 年南沙自贸试验区累计形成 209 项改革成果，85 项经验在全国、全省复制推广。

五、践行"一带一路"倡议，带动双向投资

2015年3月，《推动共建丝绸之路经济带和21世纪海上丝绸之路的愿景与行动》（简称《愿景》）颁布。《愿景》确立了共建"一带一路"，将秉持和平合作、开放包容、互学互鉴、互利共赢的理念，提出了"一带一路"国家合作的主要内容，即政策沟通、设施联通、贸易畅通、资金融通、民心相通等"五通"，全方位推进务实合作，打造政治互信、经济融合、文化包容的利益共同体、责任共同体和命运共同体。

同年，中共广州市委、广州市人民政府关于印发《广州市推进21世纪海上丝绸之路建设三年行动计划（2015—2017）》。

广州参与"一带一路"建设取得的成效有：加快企业走出去步伐，支持企业到"一带一路"沿线国家和地区投资兴业，2015年在"海丝"沿线国家和地区的境外投资项目22个，中方协议投资总额5.51亿美元，到2016年底境外设立企业（机构）260个。举办21世纪海上丝绸之路国际博览会主题论坛，推进海上丝绸之路申遗工作。2016年开通中欧班列，加强沿线城市产能合作项目建设，赴沿线国家和地区投资额增长1.45倍，吸收合同外资增长1.63倍，与沿线国家和地区的进出口贸易总额占全市进出口总额的25%。深化"一带一路"倡议枢纽城市建设，力图把南沙自贸试验区打造成海丝沿线高水平对外开放的门户枢纽，参与马来西亚马六甲工业园和沙特吉赞经济城等境外园区建设。①

第二节　广州利用外资及港澳台资和境外投资的现状

一、广州利用外资的现状

改革开放以来，广州实际利用外资、合同利用外资、利用外资项目数都在不断增长。近年相关数据如图6-1、表6-1所示。

---

① 2016年广州市政府工作报告。

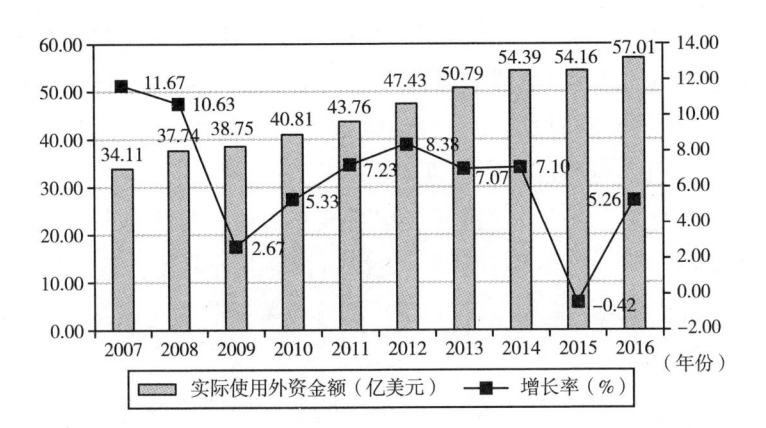

图 6-1　广州市实际使用外资金额及其增长率

资料来源：广州市统计局。

表 6-1　　　　　广州利用外资项目数和合同利用外资金额

年份	项目（企业）个数	合同外资金额（亿美元）
2006	1 465	46.39
2007	1 460	71.52
2008	1 378	60.45
2009	1 022	38.86
2010	1 170	50.59
2011	1 273	68.38
2012	1 204	69.30
2013	1 258	73.40
2014	1 324	82.75
2015	1 429	83.63
2016	1 757	99.01

资料来源：广州市统计局。

2016 年，广州新设外商投资企业 1 757 家，增长 23%；实际使用外资 57 亿美元，增长 5.3%；合同外资金额 99.01 亿美元，增长 18.4%。2016 年各区实际利用外资最多的区是黄埔，金额是 21.9 亿美元，相较 2015 年几乎增长了一倍，占全市的 38%；并且这些外资主要集中在第三产业。实际利用外资额排在第二、第三位的是天河、南沙，分别是 10.01 亿美元、6.25 亿美元。白云区 2016 年实际利用外资额只有 0.14 亿美元，在 11 个区中垫底。

据《广州市人民政府2016年工作报告》，在2016年，广州主要领导带队参加冬季达沃斯、夏季达沃斯、博鳌亚洲论坛、中国发展高层论坛等国际顶级会议，与跨国公司高层会晤，洽谈投资意向，推动项目落户落地。举办"2016中国广州国际投资年会"、夏季达沃斯"广州之夜"等活动，赴美国、加拿大、澳大利亚、新西兰等国开展招商推介活动，与韩国光州、澳大利亚悉尼等友城联合举办经贸促进活动。发挥市招商工作联席会议作用，积极跟进项目，思科智慧城、通用电气（GE）国际生物园、富士康等一批世界500强重点项目成功落户。

据21世纪经济研究院发布的《2016年投资环境指数报告》，按照软环境、市场环境、商务成本环境、基础设施、生态环境、社会服务环境测算了中国各地投资环境。其中，软环境广州最好，开办企业方便，民营企业投资增速也较快。基础设施上海最为完善，北京次之。商务成本方面，北京房价收入比居全国最高，上海电价为全国最高。高商务成本一定程度上抑制了这些城市对人才的吸引力。社会服务环境方面，北京是全国"首善之区"，其大学毕业生人数占人口比重、医疗服务水平、科技投入强度等均占绝对优势，居全国第一位；上海居第二位。

从境外资金来源来看，2015年，共有87个国家和地区的投资者在广州投资。其中，来自中国香港的投资最多。合同外资和实际外资分别为67亿美元和42.8亿美元，占全市合同外资及实际外资的80.1%和79%。第二位至第五位来源国（地区）是韩国、英属维京群岛、日本和新加坡。

从外资投资产业来看，2015年新设外商投资服务业企业1 301家，实际吸收外资42.1亿美元，占全市比重分别为91%、77.6%。近10年，外商在广州实际直接投资的前五大大行业为：制造业、房地产业、批发和零售业、金融业、租赁和商务服务业。①

从项目规模来看，2016年一大批新一代信息技术、生物医药、智能制造、跨境电商等新兴项目争相抵穗。全球通信巨头思科在美国以外最大的IoE（万物互联）创新中心总部——思科中国创新中心总部落户番禺；富士康投资610亿元在增城建设的10.5代8K显示器全生态产业园区签约，年产值近千亿元，是富士康近十年对国内投资最大的项目；微软将"微软云暨移

---

① 刘江华. 改革开放以来广州经济体制改革的基本历程与经验［J］. 城市观察，2018（8）.

动技术孵化计划——广州云暨移动应用孵化平台"放在广州。

截至2016年，288家世界500强企业已在广州累计投资近800个项目。投资领域主要集中在先进制造业和现代服务业，如汽车制造、石油化工、电子信息、重大装备、金融保险等。详见表6-2。

表6-2　　2016年广州市分行业外商直接投资及其增长速度　　单位：万美元

行业名称	合同外资金额	实际使用外资金额
总计	990 123	570 120
农、林、牧、渔业	3 161	4 411
采矿业	0	—
制造业	76 351	53 457
电力、燃气及水的生产和供应业	12 324	4 792
建筑业	13 043	1 162
交通运输、仓储和邮政业	21 770	16 838
信息传输、计算机服务和软件业	416 867	297 094
批发和零售业	62 465	60 203
住宿和餐饮业	6 078	2 328
金融业	220 374	65 648
房地产业	—	33 815
租赁和商务服务业	116 786	21 030
科学研究、技术服务和地质勘查业	40 358	3 826
水利、环境和公共设施管理业	42	591
居民服务和其他服务业	2 079	843
教育	415	45
卫生、社会保障和社会福利业	5 903	—
文化、体育和娱乐业	28 831	4 037

资料来源：广州市统计局。

二、广州企业境外投资现状

广州企业境外投资总额在2002年只有722万美元。根据国际经验，当一个国家的人均GDP超过2 500美元以后，对外投资才逐渐增加。我国人均GDP达到此值是在2007年，此后"走出去"的企业也越来越多。

由表 6-3 可以看出，2016 年，广州市境外投资规模持续扩大，境外投资新增企业 263 个，同比增长 4.37%，比五年前增长 1.6 倍；中方协议投资额 52.8 亿美元，同比增长 10.7%，比五年前大幅增长 12.2 倍；境外直接投资额 22.3 亿美元，同比增长 58.0%。2016 年广州境外承包工程和境外劳务合作完成营业额 4.56 亿美元，承包工程和劳务合作年末在外人员共 2.5 万人。截至 2016 年底，广州市企业累计向全球 80 个国家（地区）投资设立了 1 208 家非金融类境外企业（机构），中方协议投资额达 171.7 亿美元。[1]

表 6-3　　　　　　　　近年广州企业对外投资状况

年份	新增企业（机构）	合同对外投资金额（万美元）
2009	78	42 654
2010	98	48 902
2011	103	40 100
2012	119	68 531
2013	116	181 843
2014	174	310 484
2015	252	477 153
2016	263	528 266

资料来源：广州市统计局。

从投资主体来看。民营企业构成了海外存量的主体。2015 年全市民营企业在境外设立 275 个直接投资项目，约占全市九成；民企中方协议投资额 33.2 亿美元，约占全市八成。

从投资区域看。2015 年，广州企业境外投资的区域前三位是中国香港、大洋洲和欧洲，其中，香港地区投资 175 个项目，占 56.6%，中方协议投资额 20.9 亿美元，占 51.6%。

从投资行业来看，广州企业境外投资的二三次产业比例为 3.5∶94.2，主要集中在房地产业、批发业、商贸服务业、租赁业、电信等。此外，许多广州企业在海外设立研发中心，如香雪制药、达安基因等。截至 2014 年，广州已有 44 家企业在海外设立研发中心。同时，广州企业在荷兰、德国、俄罗斯和东盟及中东的中心城市设立商品城、展贸中心等海外商贸平台，全面布局

[1]　广州市国民经济和社会发展统计公报（2017）.

全球营销网络。

从投资规模看。截至 2014 年，广州超千万美元的境外投资项目有 89 个，主要涉及能源资源、农林牧渔业、房地产、批发展贸、物流仓储以及金融、租赁、投资等商务服务业。2016 年广州市商务委推动了一批大项目"走出去"，包括中方协议投资额近 6 亿美元的量通租赁香港项目和 3.4 亿美元的丝路方舟公司斐济项目等。

广州企业响应国家号召，积极投资"一带一路"沿线国家。截至 2016 年，广州企业累计在"一带一路"沿线国家投资设立境外企业（机构）166 家，协议投资总额 24.07 亿美元（2016 年共投资设立 31 家企业和机构，中方协议投资额 8.05 亿美元）。投资领域涉及贸易、生产、物流、研发等领域。

在支持大型企业国际并购及后续经营方面，广州市商务委一些政策措施已经陆续落地实施。其中包括重点鼓励和扶持企业在境外设立研发中心、进行品牌并购，以及开发建设境外经贸合作园区，对于重点项目将给予资本金注入的扶持政策等。

第三节 创新广州外商投资管理体制

一、广州外资管理体制的现状与问题

利用外资是广州对外开放的重要组成部分。近十年来，广州合同外资和实际利用外资年均分别增长 9.9% 和 8.4%。广州从行政审批、商事制度、商务环境等领域持续推动外资管理体制变革，企业"引进来"服务机制基本建立。近年来，广州共取消、下放行政审批和备案事项 285 项，完善市区两级服务外商投资企业工作机制，通过落实"问题清单"和"重点企业首问联络员"制度、提升外商投资管理信息化水平等举措，不断加大支持和服务外商投资企业的力度。建立行政审批事项目录，实行集中审批、并联审批，在企业注册登记实施"一证三号"的基础上，全面推行"一照一码"登记模式。推进"三互"大通关改革，上线国际贸易"单一窗口"升级版，全面启动"一窗式"集成服务，放宽商事主体登记条件，实施工商登记全城通办，企业可在 5 个工作日内完成审查工作，外商投资管理效率得到进一步提升。国

际营商环境不断优化，广州多次荣获福布斯"中国大陆最佳商业城市"第一名。

广州市近期审议通过了市工商局起草的《关于优化市场准入环境的若干意见》（简称《意见》）。《意见》提出了12条改革创新举措，包含了商事主体住所（经营场所）自主承诺申报、推行"容缺登记"、支持商事主体改制上市等内容。详见表6-4。

表6-4　　　　　　　　关于优化市场准入环境的若干意见

名称	内容
外商投资企业准入一体化	推进外商投资企业实施准入负面清单管理模式，不涉及准入特别管理措施的外商投资企业，可直接到工商部门办理登记注册。实现工商、商务等部门信息共享、数据互通、结果互认
推进商事主体"容缺登记"	不少企业在办理登记时，往往因为缺了一两份材料导致被退件，又要重新提交资料，费时费力。"容缺登记"是指，申请人办理商事主体设立时，申请资料基本齐全、符合法定形式、非关键性材料缺失或有误的，工商部门一次性告知申请人需补正的材料、时限，申请人承诺按期补正材料后，工商部门预先受理并作出核准决定
商事主体登记"全程电子化"	为简化商事主体注册登记手续，广州将推行商事主体登记"全程电子化"。依据国家有关法律法规，以数字证书、电子签名等主流信息技术为支撑，实现网上申请、网上审核、网上发照、网上归档、网上公示的全程电子化商事登记管理模式
经营范围实行自主申报	对不涉及许可事项的经营范围，商事主体可参照国民经济行业分类表述，也可参考政策文件、行业习惯或者专业文献自主申报、个性化表述经营范围。工商部门对"经营范围库"实行动态调整和管理
实行经营场所和名称自主承诺申报	为进一步降"门槛"、拓空间，扩大商事主体投资经营自主权，《意见》提出，实行名称自主申报。除法律、法规、规章及规范性文件禁止、限制使用的名称外，申请人可通过"企业名称自主申报系统"进行企业名称自主查询、比对、判断、申报，经申报系统检查通过后即可使用。 广州还将实行住所（经营场所）自主承诺申报。申请人申报商事主体住所（经营场所）登记时，除涉及负面清单不实行住所（经营场所）自主申报外，可自行申报地址等五项基本信息即可登记，申请人承诺对申报住所（经营场所）的真实性和合法性负责，工商部门对申请材料实行形式审查

资料来源：http://www.gz.gov.cn

但是广州外商管理体制也存在不足的方面。

从外商投资和港澳台投资项目规模及来源来看，资金集约程度仍较低，项目投资规模偏小；以中国港澳台地区为主，西方发达国家投资仍偏少。

利用外资的产业结构仍不尽合理。房地产及交通道路等基础设施项目占合同利用外资的比例过高，部分年份外资占广州房地产投入的1/3。要素禀赋低端，跨国企业对广州投资仍以资源导向和成本导向型为主，仍以传统产业为主。

对外资和港澳台资的超国民待遇问题。总体上，广州对外资管理的走向是国民待遇，但是还存在一些超国民待遇问题。例如广州市属部分区制定了一些优惠政策：在区内鼓励发展信息、咨询项目及商业零售、燃气交通运输等项目，自开业年度起，前三年按项目当年所纳入库营业税、所得税税款的金额予以奖励，第四、第五年按项目当年入库营业税、所得税税款金额的50%予以奖励。

此外，对外资的歧视性准入壁垒仍然存在，外商投资进入的深度有所不足；外商引进统筹机制不健全，引进方式比较单一；引资与引进人才不够匹配，重视引资重于引人；与港澳台合作的深度不够，缺乏与周边地区规范化、稳定化和长效化的合作机制等。

二、创新广州外资管理体制的对策

1. 建设与国际规则全面接轨的制度环境

当前，全球贸易和投资规则正在剧烈重构：规则谈判的平台由以往的多边关系平台向双边和区域平台转移，规则谈判的重心从贸易规则向投资规则、货物贸易向服务贸易、实体贸易向数字贸易、关税壁垒向监管壁垒、边境措施向境内措施、自由贸易向公平贸易、经济标准向价值标准等所谓21世纪新议题转移。[①] 例如区域全面经济伙伴关系（RCEP）、服务贸易协定（TISA）、跨大西洋贸易与投资伙伴协议（TTIP）等。

面对全球贸易、投资规则重构的巨大变化，广州必须主动作为、乘势而上，敢于拿出实质性开放新举措，力争成为新一轮国际经贸规则的试验者、参与者、施行者，延续和扩大广州的竞争优势。

---

① 陆燕. 国际贸易新规则：重构的关键期［J］，国际经济合作，2014（8）.

借鉴国内外城市的发展经验,广州对接国际规则可以表现在:(1)以"注册制+监管制"为方向推进管理体制改革,建立透明高效的管理体系和营商环境。(2)在南沙自贸片区开展 TTIP 部分条款落地压力测试。(3)通过"准入前国民待遇+负面清单管理模式"推动制造业全面开放,服务业开放取得突破性成效。(4)以贸易便利化为目标推动贸易监管制度改革。

2. 沿"引资—选资—引智"路径升级引资模式

改革开放早期,在广州对境外的经济要素的利用方式上,主要是单向的招商引资,即把产业和资本"引进来"。引资模式主要是依靠生产要素的数量扩张,走的是"粗放型"发展道路,对土地、能源、原材料等基础性资源依赖较大。这种模式一般倾向于发展加工制造业,服务业比重较低,自有品牌、技术相对缺乏。

随着资源、环境等因素制约程度的日益增强,这种粗放型的发展模式难以满足可持续发展的要求。为此,外资利用必须由粗放型向集约型转变,从"成本优势"向"创新优势"转型,这样,对外资必须更有取舍,更有选择。

由此,广州需要逐步改变利用外资策略,从引资转变为优选精选外资,推动利用外资从"量"到"质"的根本转变。着重鼓励外资投资研发中心、高新技术产业、先进制造业和节能环保产业;鼓励外商投资现代农业、现代服务业和服务外包产业;注重外资投向的产业关联效应,重视引进上中下游的关联产业和农业、工业、服务业多元投资;在制造业投资方面,重点引进一些大、高、新投资项目。①

在新的发展阶段,在注重引资规模的同时,更要注重引"智",将引"智"放在比引资更为重要的地位。大力引进技术、管理和人才,大力引进研发机构,实现由引进资金向引进要素的转变。

3. 推进准入前国民待遇加负面清单的管理模式,加强事中事后监管

在中共中央、国务院《关于构建开放型经济新体制的若干意见》(2015)中,指出"完善外商投资市场准入制度,探索对外商投资实行准入前国民待遇加负面清单的管理模式。在做好风险评估的基础上,分层次、有重点放开服务业领域外资准入限制,推进金融、教育、文化、医疗等服务业领域有序

---

① 王海平. 苏州重塑开放优势 [N],21 世纪经济报道,2017 – 7 – 5.

开放，放开育幼养老、建筑设计、会计审计、商贸物流、电子商务等服务业领域外资准入限制，进一步放开一般制造业。在维护国家安全的前提下，对于交通、电信等基础设施等相关领域逐步减少对外资的限制。

按照扩大开放与加强监管同步的要求，加强事中事后监管，建立外商投资信息报告制度和外商投资信息公示平台，充分发挥企业信用信息公示系统的平台作用，形成各政府部门信息共享、协同监管、社会公众参与监督的外商投资全程监管体系，提升外商投资监管的科学性、规范性和透明度。"

广州应以此为标准，推行准入前国民待遇加负面清单的管理模式，加强事中事后监管。要结合广州实际，学习和借鉴国际上成熟的监管做法，补齐制度"短板"，完善资本监管、行为监管、功能监管方式。尤其在南沙自贸片区，可以时间更早、力度更大、步伐更快地推行。

4. 重视总部经济，吸引万商云集

2013年，北京市出台《关于加快总部企业在京发展的工作意见》，给予外资跨国公司地区总部、在京央企、市属国企和民营企业公平发展的市场主体地位。总部企业集聚成为北京市经济发展的重要支撑。2012年，总部企业以占全市0.4%的单位数、25%左右的就业人数，创造全市近一半的增加值，实现近六成的收入和税收。

广州也应学习北京，注重集聚国外大企业和地区总部。吸引世界500强企业和跨国公司在穗设立地区总部、事业部全球总部，吸引国内大企业总部、民营企业总部，培育大型跨国经营企业；集聚采用现代国际贸易运行新模式的企业，吸引国内外企业的营运中心、物流中心、分拨中心、销售中心、采购中心等集聚；集聚商品和服务技术含量高、附加值高的企业，汇聚研发中心、创意设计中心、增值服务中心、品牌培育中心和旗舰店①。

5. 建立和完善知识产权保护体系

当前，知识资本尤其是核心技术及其知识产权逐渐成为经济增长的决定因素，而知识产权保护制度可以激励创新，优化知识资源配置，促进科技进步和经济增长。美、欧等一些主要的发达国家和地区在科技促进经济

---

① 毛艳华. 加快实施新一轮高水平对外开放［N］. 南方日报，2015 - 10 - 12.

方面始终走在世界前列,合理运用知识产权制度在这其中发挥了重要的作用。

良好的知识产权法治环境和秩序对推动广州引资具有重要意义。知识产权政策法规的制定和修改要以鼓励自主创新、优化创新环境、建立和维护良好的贸易投资环境和公平竞争为宗旨,进一步形成与国际接轨又符合广州市情的知识产权法律法规体系;完善救济措施,扩大被保护的客体,不仅涵盖版权、商标、专利、计算机程序和商业秘密,还要包括集成电路布图设计、地理标识等对象;加强知识产权审批能力建设,加快审批速度和提高审批质量,加快广州的电子化知识产权审批系统建设;加快新兴领域和业态知识产权保护制度建设,加大对知识产权侵权违法行为惩治力度;提高人们的保护意识,深化全社会各行业对保护知识产权的认识。①

6. 优化引资环境

良好的招商引资环境不仅能将环境优势转变为经济优势,吸引更多更具有实力的外商投资者,促进区域经济的快速发展,还能促进生产要素聚集和流动,切实转变经济增长方式。广州既要为外商投资提供如自然资源和基础设施建设等物质方面的硬环境,也要在地区社会文化、市场秩序及法制建设等软环境方面为外来资本提供更多的保障和条件。

具体来说,广州需要大力弘扬"务实敢为天下先"等粤商文化优秀传统,在全社会营造鼓励创新、创业、创造的浓厚氛围;政府围绕建设服务政府、责任政府、法治政府和廉洁政府的目标,进一步优化政务环境,改进工作作风,真正提高政府执行力;相关人员要牢固树立大局意识、坚持公正、廉洁、高效,维护市场主体的合法权益和良好的市场经济秩序;坚持公开透明、公平竞争原则,营造外商投资企业参与政府采购的公平市场环境,促进内外资企业公平参与政府采购招投标;建立涉企收费目录清单制度,严禁越权收费、超标准收费、自设收费项目、重复收费,杜绝中介机构利用政府影响违规收费;加强政策引导,引导外资投向广州迫切需要发展的重点支柱产业、基础设施、新兴产业和高新技术产业。②

---

① 刘效敬. 完善知识产权制度,优化自主创新环境 [J]. 行政与法,2007 (11).
② 周子勋. 开放型经济新体制"新"在哪里 [N]. 中国经济时报,2015-9-23.

第四节　完善穗企"走出去"管理体制

一、当前穗企实施"走出去"战略的挑战

1. 政策障碍挑战

在完善的市场体制中，除了一些关系国家安全的行业，企业进行海外投资一般不需要经过政府的审核。但是，我国企业要进行对外投资，资源开发类 3 000 万美元以上、大额用汇类 1 000 万美元以上的项目，一段时期内还需要经过国家发改委、商务部核准，该限额以下则由省级发改委核准。

虽然各个部门都尽量提高了审批速度，有的还提供了网上申请，但是海外投资审批还是存在制度严格、审批门槛高、行政管理部门权限不明、多头管理、程序冗繁等问题，导致手续复杂、人员和资金出入境困难等，以致贻误商机。

2. 管理能力挑战

全球范围内的跨国并购成功率很低——麦肯锡公司曾研究了 1990~1995 年的 150 起并购案例，发现成功率只有约 34%。并购后管理不善、留不住骨干人员、组织调整失效等是导致并购失败的主因。

广州"走出去"企业实力与国际上的跨国公司相比有一定差距，企业真正能立足于全球市场开展国际化经营的人才仍较匮乏。同时，穗企"走出去"历史较短，经验不足，在语言、文化差异大，制度和法律环境风格不同的地区，管理能力更是挑战。

3. 金融支持挑战

中国企业在境外缺乏信用基础，导致其在向境外银行贷款时面临"门槛"高、利率高、额度少、期限短等困境。而国内金融机构由于刚刚开始"走出去"，海外运作能力和经验不足，海外分支机构少且分布不均，对企业的支持跟不上企业"走出去"的步伐，难以满足企业的金融需求。[①]

[①] 李若谷. 走出去战略的历程与发展[J]. 中国金融, 2011 (12).

4. 投资壁垒挑战

很多东道国政府出于国家经济安全的考虑都对直接投资进行管制和干预，法律及政策明确规定重要行业禁止被他国的国有企业并购，尤其涉及国防、能源等方面的并购案。干预的形式主要有终止并购进程、加强审批强度或时间长度、没收、征用或国有化相关企业、外汇管制、进口限制、税收管制、价格管制等，导致投资企业并购行为或者正常的企业运作无法开展。

5. 政治风险挑战

对于政权更替和政治冲突比较频繁的国家和地区，不稳定的政府政治外交政策和经济政策会对企业投资产生重大影响。在一个不同党派轮流执政、政策缺乏连贯性的国家，新政府上台后对往届政府执政期间签署的合同常常会多方刁难，或拒绝执行。社会的动荡甚至给项目带来直接的损害，例如2017年委内瑞拉局势动荡，导致部分中企损失严重。

6. 文化整合挑战

企业对外投资地文化与我国文化往往存在差异，如东道国是非亚洲国家，那么文化整合的复杂性和困难度将更大。如何在吸收外方企业文化积极一面的同时保留本土企业的文化优势，也成为企业并购整合的一个难题。再加上被并购企业所在国的员工从习惯上更倾向于原有的经营管理方式，更加大了企业文化整合的难度。

二、进一步完善穗企"走出去"管理体制

1. 转变"走出去"主体的理念规范

观念是行为的先导，观念转换正确，行为会跟着向正确的方向转变。具体来说，在"走出去"之前，各主体应注意培养以下理念：

第一是战略意识。

第二是守法意识。

第三是合作意识。

第四是秩序意识。

2. 建立维护"走出去"安全的预防、预警机制

其一，尽快建立完善信息网络管理和服务系统，便利企业、个人充分掌

握有关信息。开发"走出去"综合管理系统,尽快整合"走出去"相关的各项业务管理系统,建设统一的"走出去"综合管理平台,实现相关管理工作的信息化、科学化与便利化。建立多方位的"走出去"专项数据资料库,如国别投资环境信息库、境外合作项目库、国际承包工程招投标资料库、涉外知识产权维权援助数据库等,实现外经贸管理部门与外汇、财政、税务、海关、开户行及投资主体间的数据交换,为企业"走出去"提供公共基础信息服务。[①]

其二,通过"走出去"企业境外风险防控培训等方式,将风险控制前移,规避和减少投资涉外风险的发生。培训应既包括对企业经营者的培训,也包括对一线施工人员的培训。内容可以包括新形势下对外投资合作境外安全管理、当前境外安全形势和对策、境外安全生产管理、海外市场国际风险控制等。

其三,推广成功企业风险防控体方面的经验,帮助企业应对可能的突发事件。中国水电建设股份有限公司和葛洲坝集团等,在"走出去"之前,集团内部就已建立了完整的风险防控体系,因此在利比亚动乱后,企业能够按照已有的安全体系有条不紊地开展工作。在撤离利比亚时,葛洲坝集团不仅安全撤离了1 060名企业内部员工,还另行协助了12 000名中方人员撤离。[②]

3. 创新对外投资合作方式

目前广州企业"走出去"的方式已呈多元化,投资经营规模也不断扩大。

未来,广州应该进一步创新对外投资合作方式。在中共中央、国务院《关于构建开放型经济新体制的若干意见》(2015)中,指出:"允许企业和个人发挥自身优势到境外开展投资合作,允许自担风险到各国各地区承揽工程和劳务合作项目,允许创新方式"走出去"开展绿地投资、并购投资、证券投资、联合投资等。鼓励有实力的企业采取多种方式开展境外基础设施投资和能源资源合作。促进高铁、核电、航空、机械、电力、电信、冶金、建材、轻工、纺织等优势行业"走出去",提升互联网信息服务等现代服务业国际化水平,推动电子商务"走出去"。积极稳妥推进境外农业投资合作。支持我国重大技术标准"走出去"。创新境外经贸合作区发展模式,支持国

---

① 陈健. 实施"走出去"战略与融合当地文化 [J]. 国际经济合作, 2011 (1).
② 于盟. "走出去"须筑好风险防控之墙 [N]. 国际商报, 2011-8-31.

内投资主体自主建设和管理。"

4. 提供必要的金融财政支持

在金融方面,可以考虑促进商业银行向跨国并购企业发放贷款,给予优惠贷款利率和合理贷款期限,并促进商业保险公司对跨国并购贷款进行保险以降低贷款风险,从而增强银行的信心和减轻企业在抵押和质押方面的压力;鼓励银行和大企业结合,建立联盟关系,一同参与跨国并购活动;构建政策性金融和商业性金融相结合的境外投资金融支持体系,推动金融资本和产业资本联合走出去;探索建立境外股权资产的境内交易融资平台,为企业提供"外保内贷"的融资方式。①

在广州市商务委的推动下,近年很多金融机构对广州企业加大了支持力度。例如,中国出口信用保险公司广东分公司通过项目险、贸易险和担保三大业务板块,以及包括资信评估、应收账款管理在内的完整信用风险体系为企业的经济活动提供信用风险保障。国家开发银行广东省分行则从主权融资、出口信贷、项目融资、银行授信、银团贷款等各方面为企业制定相应的融资服务体系。

5. 设立境外工业园区带动"走出去"

设立境外经济贸易合作园区是推动企业对外投资的重要发展模式和新举措,有利于企业抱团出海,有利于国家集中管理,有利于集体应对突发风险。国内先行省市已有一些成功案例。例如湖南应积极创造条件,通过整合资源、积极扶植,大力鼓励企业和机构在境外建设或参与建设基础设施较为完善、产业链条较为完整、带动和辐射能力较强、影响较大的加工区、工业园区、科技产业园区等各类经济贸易合作区域。广州也可以在充分论证的基础上,在对外投资、对外工程承包或对外劳务合作较有基础的海外区域,继续扩大选点创建境外经贸合作试验区,为跨国经营单位尤其是中小企业搭建海外发展平台。

6. 实施穗企跨国公司培育工程,以"航母"示范带动"走出去"

根据广州特色优势产业及其国际化程度,尽快制定打造本土跨国公司发展的规划和支持办法。推动穗企"走出去"由生产制造向研发和市场营销环

---

① 熊小奇. 我国对外投资战略调整及规划[J]. 经济问题探索,2011(2).

节延伸、由制造业出口向境外服务业拓展,培养具有强大核心竞争力的跨国企业。择优选择行业龙头和优势企业予以重点扶持。注重企业价值链建设,全面提升生产要素跨境流动水平,探索龙头跨国经营企业的资源、经验分享途径和方式。增强"走出去"先进企业和重点培育的本土跨国经营企业"航母"的示范带动作用,促进更多企业实施全球化战略。①

---

① 覃剑,广州开放型经济发展阶段与战略选择［J］.对外经贸.2015（4）.

第七章

持续优化广州营商环境

第一节 改革开放以来广州营商环境不断优化的历程

营商环境是一个国家或是城市竞争力的重要构成要素，是经济软实力的重要体现。作为千年商都、国际商贸中心，广州的营商环境一直走在改革开放的前列，是中国通向世界的一扇窗，曾多次被《福布斯》评为"中国大陆最佳商业城市"第一名。近年来，广州积极响应国家新发展理念，建设现代化经济体系，不断优化营商环境，加大招商力度，调整产业结构，着力打造市场化、法治化、国际化营商环境，不断提升投资贸易便利化水平，越来越受到国内外企业的青睐。截至2017年，在世界500强企业中，已经有289家落户广州，投资项目921个。2017年，广州新增高新技术企业超4 000家，在2016年新增2 000家的基础上翻一番。改革开放以来广州营商环境不断优化的原因，可归结为国家区域经济建设政策和广州自身的努力息息相关。

一、扩大开放力度

广州是一座有着两千多年历史的商业文化城市，两千多年间，广州一直作为中国对外贸易的重要港口城市，也是中国古代海上丝绸之路的始发港。20世纪50年代开始，中国出口商品交易会在广州举办，以规模最大、时间最久、成交量最多而荣获"中国第一展"的称号，2007年起正式更名为中国进出口商品交易会。1998年创办中国留学人员广州科技交流会，是中国规模最大、层次最高、最具影响力的海外人才项目交流平台，被誉为"中国海外留学人员交流第一品牌"。这些对外传播文化推广平台日渐成熟，友好城市、国际组织和驻穗领馆等城市文化外交资源优势明显。2017年广东省颁布《广东省进一步扩大对外开放积极利用外资若干政策措施》，旨在进一步扩大市场准入领域，逐步推进制造业、服务业、金融领域扩大对外开放，为广州市建设发展更高层次开放型经济奠定坚实基础。

二、中国（广东）自由贸易试验区建设

中国（广东）自由贸易试验区于2014年12月31日经国务院正式批准设立，总面积116.2平方千米，涵盖3个片区（广州南沙新区片区、深圳前海蛇口片区、珠海横琴新区片区）。2016年10月广州南沙新区片区正式启动"证照分离"改革，主要内容包括清理和取消一批行政许可事项，推动行政许可事项的审批改备案，全面提高行政许可事项办理的透明度和预期性，加强监管，营造便利化、法制化、国际化的营商环境。改革实施一年多，企业办证时间、申请材料时间大幅度减少，实现"准入""准营"双提速，促进了自贸区内市场主体持续快速的增长。另在自贸区还实行企业"一照一码"走天下改革，建立健全电子证照信息统一归集共享、保密审查、查询使用管理机制，促进公共管理水平和交易成本下降。行政审批方面，则依靠完善的事项标准化流程和信息技术，重建审批系统，推进智能化审批，减少审批中存在的主观性、随意性和差异性，实现同一事项的无差别审批。在建设工程审批方面，将企业投资类建设工程项目审批分为规划许可、施工许可、竣工验收3个阶段，同时还简化大型建设项目受理材料审批流程，极大提升了审批效率。

三、粤港澳大湾区建设

粤港澳大湾区是指由香港、澳门两个特别行政区和广东省的广州、深圳、珠海、佛山、中山、东莞、肇庆、江门、惠州九市组成的城市群。2010年粤港澳三地政府联合制定《环珠三角宜居湾区建设重点行动计划》，以落实跨界地区合作。2016年广东省政府工作报告，包括"开展珠三角城市升级行动，联手港澳打造粤港澳大湾区"等内容。2017年国务院总理李克强在政府

工作报告中提出，要推动内地与港澳深化合作，研究制定粤港澳大湾区城市群发展规划，发挥港澳独特优势，提升在国家经济发展和对外开放中的地位与功能。广州处于粤港澳大湾区 A 字形结构顶端和中部，在粤港澳大湾区协同发展中紧扣门户枢纽定位，作为区域金融中心，在金融领域的综合实力，将为区域经济协调发展，尤其是粤港澳大湾区城市群建设提供有力支撑，以广州为中心的城市群形成也让产业快速发展，[①] 广州聚焦"IAB"计划（即发展新一代信息技术、人工智能、生物制药三大战略性新兴产业），在各产业领域培育引进龙头企业，增创新的发展优势。粤港澳大湾区给企业提供了便捷的区域交通运输网络，把智慧科技与城市规划设计融合起来，加强了粤港澳大湾区内各地区间的交流与合作，给企业建造优良营商环境。

四、"一带一路"建设

作为"一带一路"建设的重要支点城市，2018 年 5 月，广州市通过了《广州市参与国家"一带一路"建设三年行动计划（2018—2020 年）》，在促进投资贸易自由化便利化、加大投资贸易合作、增强基础设施互联互通、加速金融合作与科技创新和深化人文合作交流五方面共提出 39 条行动计划，并提出建立广州市参与"一带一路"建设工作机制、建设电子信息平台、开展宣传推介、加大营商环境改革力度等 8 项保障措施。这一系列的举措将会深入推动广州与沿线国家和地区的政策沟通、实施联通、贸易畅通、资金相通、民心相通，使得广州以更加开放的姿态融入经济全球化的时代潮流，加快形成全面开放新格局，给企业营造优越营商环境。

第二节　广州营商环境的现状

一、经济概况

改革开放以来，广州经济持续增长，城市综合竞争力不断提升。1978 年

---

① 国务院研究室课题组，2011。

广州市生产总值为43.09亿元。2017年广州市实现地区生产总值21 503.15亿元，比上年增长7%，经济保持中高速增长，且服务主导地位更为突出。2017年，广州市生产总值21 503.15亿元，其中第一产业增加值233.49亿元，比上年下降1.0%，第二产业和第三产业增加值分别为6 015.29亿元和15 254.37亿元，比上年分别增长4.7%和8.2%。第三产业对经济增长的贡献率达79.3%，比上年提高2.3个百分点，服务业对经济的支撑作用进一步增强，成为拉动广州市经济增长的主要力量。从服务业主要行业来看，信息传输软件和信息技术服务业、其他营利性服务业、交通运输仓储和邮政业引领发展，增加值增速分别为24.6%、12.0%和11.5%；金融业、非营利性服务业增加值均增长8.6%；批发和零售业、住宿和餐饮业增加值分别增长5.0%和0.8%。从工业来看，受益于工业结构调整和盈利方式多元化，2017年，广州全市规模以上工业企业实现利润总额同比增长11.8%，比上年增速提升3.3个百分点。工业企业主营业务收入利润率为5.87%，同比提高0.04个百分点。35个行业大类中，23个行业实现盈利同比增长，5个行业同比增速超过50.0%，企业整体经营效益良好。从产业投资看，第三产业投资总额占比达87.1%，比重同比提高0.6个百分点。房地产调控效果进一步显现，房地产开发投资2 702.89亿元，增长6.4%，由上年18.9%的较快增长回归理性稳健增长。重点发展领域投资加速推进，工业投资中，电子信息制造业投资增长1.6倍，医药制造业投资增长23.1%；服务业投资中，卫生和社会工作、信息传输软件和信息技术服务业、金融业、水利环境和技术服务业投资分别增长71.7%、23.3%、21.3%和18.8%。

总体说来，2017年广州经济社会保持着平稳健康发展，坚持以供给侧改革为主线，经济结构不断优化，质量效益稳步提升。

二、通关便利情况

通关便利是促进营商便利、优化营商环境的关键要素之一。1978年改革开放后，广东得益于国家特殊政策、灵活措施，外向型经济飞跃发展，广州海关成为海关总署首批厅（局）级机关，业务工作、组织机构、人员队伍进入全面、快速发展的历史阶段。

改革奋进的四十年中，广州海关解放思想，深化通关模式改革，锐意创新,为整体提高通关效率取得了一系列丰硕成果。1985 年打破自理报关为主的局面,支持促使代理报关向专业化方向发展;1988 年,试行来往港澳小型船舶直进直出监管模式,运用 H883、H2000 计算机系统实现报关自动化。2004 年实行"多点报关,口岸验放"的通关模式,在全国首批试点应用"卡口控制与联网系统";2008 年广州海关行政许可审批实现一窗办理、一站式服务,业务建设进入新的发展阶段,重点口岸通关环境因而取得重大突破;同年国家实行新的出口收结汇联网核查和货物贸易项下外债登记管理规定,开发了"出口收汇核准件管理系统",提高进出口核销业务处理效率。国税部门大力推进出口退税审核辅助系统和网上申报退税,进一步加快了收结汇和出口退税速度。2011 年广州海关与广州市正式签订了合作备忘录,与地方党政建立起多层次、多渠道、常态化的联系合作机制和高层对话平台,对地方经济社会发展提供专业支持和服务。当前广州海关是全国为数不多的海、陆、空、邮运业务俱全的海关之一。监管运输工具包括国际航行船舶、来往港澳船舶、空运航空器、陆运列车、汽车等;监管贸易方式包括一般贸易、加工贸易、转口贸易等。2017 年广州海关着力推进通关流程"去繁就简"一系列新举措,紧紧围绕减环节、降成本、提效能、优服务、强队伍五个方面对症施策,细化、实化、量化了十个方面 54 项具体措施,全力支持广州加快建设开放型经济新体制,旨在实现压缩一半货物通关时间,进一步改善和优化营商环境。

三、交通基础设施建设

交通运输是经济社会发展的基础性、先导性、服务性行业,与经济发展和人民生活息息相关,完备的交通基础设施是优化营商环境的基础。众所周知,广州拥有一流的交通基础设施建设,且空港、海港和信息港条件优越,2017 年,广州市政府公布的《广州市人民政府办公厅关于印发广州市城市基础设施发展第十三个五年规划(2016—2020 年)的通知》,提出"十三五"规划期间的主要任务是:建设广州国际航运中心,打造广州国际航空枢纽,优化提升"一江两岸三带",加强重点功能区开发建设,完善战略通道和枢纽设施,加强与周边城市互联互通。

当前广州的海陆空立体交通网络基本形成。截至 2018 年 12 月 28 日,广州地铁运营里程478千米，超过现今韩国的首尔和日本的东京。2016年新开通4条地铁，2017年还建设最快的地铁——18号线，建设容量最大的地铁——11号线，年底从化也开通地铁，全市地铁通车总里程将突破500千米。机场方面，则以空港经济区为主要载体，打造广州北部国际航空枢纽港，拓展欧洲、美洲、非洲的航线网络，建成国家面对亚太地区的航空基地。强化广州白云国际机场和广州北站的空铁联运系统，将高铁、城际、地铁等多种交通方式在机场和广州北站汇集，拓展机场腹地。到2020年，基本建成辐射全球的复合型航空门户枢纽，机场旅客吞吐量达到8 000万人次以上，货邮吞吐量达到260万吨以上，形成以广州为起点的"空中丝路"，与国内、东南亚主要城市形成"4小时航空交通圈"，与全球主要城市形成"12小时航空交通圈"。海运方面，广州港的货物吞吐量在2000年突破1亿吨，跨入世界亿吨大港之列，2005年达3.19亿吨，在全国海港中居第四位，在世界十大海港中居第六位。港依城兴，城倚港旺。广州南沙港将成为华南地区最大的修船基地和全国三大造船基地之一。

近年来，广州加强与佛山、惠州、东莞、中山、肇庆、清远等周边城市互联互通，加快轨道交通、高速公路、市政道路、港航水运等方面的综合交通对接，促进区域一体化，引领珠三角优化发展。在铁路方面，要形成以广州为核心对外放射的八大铁路枢纽战略通道。加快建设广珠铁路、广州枢纽东北货车外绕线、南沙港铁路、大田集装箱中心站等铁路货运物流工程，到2020年，广州区域内国家铁路运营里程达到1 815千米。在城际轨道方面，建设以广州为中心，对接深圳、佛山、肇庆、清远、东莞、惠州、中山、江门、珠海的城际轨道交通网络。形成以广佛环线为核心，辐射清远、肇庆、中山、江门、珠海、深圳、惠州、东莞八个方向的"环放状"城际轨道交通网络。

四、信息化建设

随着计算机技术、网络技术和通信技术的发展和应用，信息化建设在优化营商环境，推进政企交流中发挥着不容小觑的作用。广州城市信息化建设一直处于全国领先水平，是国内三大通信枢纽和互联网交换中心之一，三大国际出入口的地位进一步巩固。近几年，广州以建设"数字广州"和国际"信息港"为目标，积极推进城市信息基础设施建设，电子政务、电子商务、社会信息化和信息化产业取得新的进展。广州信息化综合指数位于全国前列，已被列入国家信息化试点示范城市，2010年创建国家信息化示范城市。此外，广州还是全国邮政通信的主要按钮，邮件通达世界190多个国家和地区。邮政业务总量、业务收入均居于全国省会城市的首位。

五、人才培育与引进

人才是一座城市的竞争之本，在创造经济增长点和提升城市竞争力方面是不可或缺的。眼下，越来越多的城市加入到了"人才争夺战"中。广州本身就拥有丰富且高质量的人才资源。广州全市高校学校数量和学生数量均居全国前列，聚集了全省近70%的高等院校、科研机构、科技成果以及85%的硕士、95%的博士和100%的国家重点实验室。

除了培育本地人才之外，近年来，广州还在有选择性地大力引进高端人才，用真金白银加配套政策，"软硬兼施"地打造人才高地。广州市级财政每年拿出7亿元，5年共35亿元支持产业领军人才，广州还设立"杰出产业人才补贴专项"，每年对30名作出卓越贡献的杰出产业人才，分三个等次分别给予500万元、100万元、50万元一次性薪酬补贴。值得注意的是，在招揽人才的过程中，广州不仅推出了以奖金为主的"硬政策"，更注重配套政策和软政策的完善，包括入户便利、子女入学便利、出入境便利、医疗便利、住房支持、培训支持、政治待遇及创业扶持等等。此外广州每年还吸引着来自全国各地各行各业优秀的人才以及大量有着丰富工作经验、娴熟技术的劳动者。此外，广州还开辟人才引进绿色通道，将中国科学院或中国工程院院士、享受国务院特殊津贴人员、国家"千人计划"专家等高层次人才、急缺急需人才等纳入绿色通道的服务对象。这一系列的"抢人"政策以及广州本身优越的创业环境不断吸引着海内外的各类人才，从而满足企业对不同层次人才的需求。

六、知识产权保护

良好的营商环境离不开知识产权的法律保障和制度支撑，塑造良好营商环境必须高度重视知识产权的保护。广州作为我国改革开放的先行地区和前沿阵地,早在2007年,国家知识产权局就正式批准广州作为全国首批"国家知识产权工作示范城市"。一方面,广州制定相关保护政策,完善知识产权保护政策法规体系,进一步落实行政执法责任制,加强对市重点产业的执法管理和重点保护;另一方面,广州健全知识产权保护体系,重组市发明协会、知识产权研究会,筹建"广州知识产权专家顾问团",创建华南国际知识产权交流中心等。由此可见,广州被誉为全国创新创业环境最优城市之一不是没有原因的。近年来,广州在知识产权保护方面更是下足了功夫。一是围绕全市知识产权工作目标和重点任务,优化知识产权政策体系,加快推动知识产权政策体系的规划建设;二是着力培育高质量知识产权,积极做到增量提质,努力发展市场主导、知识产权密集型产业;三是严格保护,优化创新发展法治环境,切实增强专利、商标、版权等知识产权行政执法能力,充实一线行政执法力量;四是充分发挥公共服务平台与大数据的作用,旨在做优做强知识产权服务业,全面推进"互联网+知识产权"实施计划,完善广州市知识产权信息中心服务功能等等。这一系列对知识产权的保护措施使得广州区域创新综合能力、有效发明专利拥有量、PCT国际专利申请量连续在全国名列前茅。

广州相对完善的知识产权保护体系一方面使得更多的人才涌入广州;另一方面给企业技术创新提供了法律保障和制度支持,给在穗企业提供了良好的营商环境。

七、文化环境

广州是中国第一批历史文化名城,一直有着高度开放包容的文化和国际形象。海纳百川,有容乃大,作为"中国古代海上丝绸之路的发祥地、岭南文化的中心地、近现代革命史的策源地和当代改革开放的前沿地",广州孕育了既包含岭南传统文化精粹又具有时代文化元素的悠久丰富的历史文化资源,是城市独特、不可复制的重要资源。作为一座有着两千多年历史的商业文化城市,广州一直作为中国对外贸易的重要港口城市,广交会、留交会这些对外传播文化推广平台日渐成熟,友好城市、国际组织和驻穗领馆等城市文化外交资源优势明显。广州开放包容的特质吸引了全国各地乃至世界各地的有志之士来寻梦、圆梦。广州市政府本着融合、创新、共享的理念，积极探索，大胆实践，出台并实施了一系列面向来穗人员的服务管理措施，进一步凝聚人心、汇聚力量，也对探索破解超大城市大量流动人口的服务管理难题提供借鉴。

随着广州在全球城市体系中地位的快速上升，广州正不断向世界呈现着她活力、包容、开放的一面。城市形象是一座城市经济发展和历史文化底蕴的综合反映，是城市极为重要的无形资产，良好的城市形象使得城市能够吸引更多人才和海外投资，增强国际影响力。广州历史悠久，交通、基础设施硬件完善；文化古迹与自然风光极具吸引力，是一座集美食、旅游、商贸为一体的综合性城市。2010年亚运会的成功举办极大提升了广州的国际形象，"花城商都""美食之都""千年羊城""购物天堂"等这些城市标签给世界展现了广州的魅力所在。城市形象的推广离不开国际媒体的参与，广州在国际上与36个城市是"姐妹/友好城市"关系，广州正利用这些优势不断树立广州全面立体的国际化城市形象。

八、税收营商环境

2017年国家税务总局决定在部分省（市）税务机关开展优化税收营商环境试点，广州被确定为全国首批5个试点单位之一。税收环境是税务部门落实税收政策、优化纳税服务、提升执法水平的综合体现。广州国税以深化"放管服"改革为抓手，在税务系统率先推出深化"放管服"改革十项措施，行政审批项目从71项压减至6项，取消的行政审批事项超九成。在深化"放管服"改革十项税收措施的基础上，广州国税优化营商环境与提升纳税便利度工作方案和30条措施相继出炉，30条措施涵盖压缩办税时间、提升办税便利度、提高征管效能、深化国地税合作、优化完善体系功能、强化部门协作等七大类别助力广州打造营商环境新高地。这些举措为广州经济发展注入新动能，实实在在降低的办税成本，也让企业"获得感"满满。此外为了给企业提供速度更快、体验更优的服务，广州通过深化国地税合作应用电子税务局、推动办税无纸化服务等"互联网+税务"方案，切实提高办税便捷度，兑现让纳税人"多跑网路、少走马路"的承诺。

九、生活环境

生活环境方面，广州至 2010 年已基本实现现代化并达到中等发达国家的水平，至 2020 年基本达到发达国家的发展水平。逾九成市民认为广州生活环境和社会治安在不断改善中。2017 年以来，广州围绕城市管理三年提升计划，以创建惠民为思路逐渐形成智慧化管理，环卫作业质量不断提升，市容环境持续向好，交通环境也"渐入佳境"，抬头可见蓝天白云，出门处处花团锦簇，广州的生活环境之美已成为常态；干净整洁、平安有序的城市环境，生活服务便利化，空气质量优良；食在广州又是享誉海内外；多所国际学校，大批国际化的医疗机构、餐饮企业等等，为投资者提供了便利的生活条件，吸引了一批又一批的投资者。

总而言之，广州为打造法制化、市场化、国际化的营商环境，不断便捷政府服务，大力推进工商注册制度便利化，缩短审批时限，获取信贷也越来越便利，广州优越的生活环境、开放包容的文化、完善的基础设施建设吸引着更多的企业在广州扎根。

十、主要不足之处

当然，广州市营商环境仍存在不足，这些不足也将会是今后广州着力解决的方向。当前广州营商环境的不足之处主要为以下五点。

1. 企业税费负担较重

2016 年广东省工业总体税负高达 17.17%，相比于全国的 14.61% 高 2.56 个百分点。其中企业反映较多的主要是行政审批中介服务收费以及经营性服务收费等问题，此外一些地区存在行业协会商会利用行政影响力乱收费现象。

2. 中小企业融资难问题突出

由于全省仍未建立统一的信用评价体系和征信平台，增加了银行核实企业信誉的成本，极大影响了银行信贷审批的效率。此外由于部分中小企业财务制度不透明，固定资产较少，担保抵押物不达标，很难得到金融机构的信贷支持。目前，商业银行基于风险补偿考量，对中小民营企业的贷款利率一般上浮20%。加之由于缺乏抵押物，企业还需要缴纳风险保证金、担保费、公证费等，企业贷款成本一般在10%以上。相关调查显示80.2%的企业未能获得政府融资担保机构的帮助，96.8%的企业没有享受过企业债转股政策。

3. 生产要素成本居高不下

生产要素成本居高不下主要体现在三个方面：一是土地利用矛盾突出。当前政策不允许企业利用自有工业用地建设宿舍，不利于企业高效灵活利用土地资源。另外，土地价格增长过快，极大增加了企业的用地成本。二是人工成本急速上涨，当前广东省制造业劳动成本已经是印度的5倍。相关调查显示，90%的受访企业认为用工成本的增加是所有成本中增长最高的。三是用能成本较高。当前广东省工业用电成本远高于广西、贵州等周边省份，仅次于北京、上海。

4. 人才短缺问题严峻

当前人才短缺主要体现在制造业人才不适用、不够用，缺少行业领军人物、能工巧匠。当前承担高技能人才培养任务的主要是一些技师学院，属于中职教育，并未纳入高等教育范畴。

5. 知识产权保护工作有待加强

当前广州对于知识产权保护方面的工作还有待加强。一方面，目前的知识产权管理体制较为分散，增加了企业的维权成本，且知识产权审判人员不足，导致不少案件审理周期长；另外知识是无形的，其价值有时候难以评估，审判人员难以做出正确赔偿的决定，这极大制约了执法保护水平。另一方面，企业知识产权保护意识淡薄，缺少有力证据保留，导致在发生纠纷维权时取证困难。

第三节　进一步优化广州营商环境的对策

一、完善政策环境

1. 提升政策透明度，加强清廉度建设

政策透明度是政府透明度的一个重要体现，更是打造国际化营商环境的一项重要内容。在政策制定公开方面,应全部公开公示政策措施,包括相关事项的办理时间、办理费用及流程、监管政策等,均应以中英文双语形式在官网上有所体现,不断提升在审批、监管、税费等环节的政策透明度。外资管理方面,应做好对外资政策的解读,制定统一的外资基础性法律,使得外资投资有法可依。

坚持和加强党的全面领导,坚持党要管党、全面从严治党,以党的政治建设为统领,全面推进党的政治建设、思想建设、组织建设、作风建设、纪律建设,把制度建设贯穿其中,坚定不移深入推进反腐败斗争,不断提高党的建设质量。加强对党员干部的培训力度。增强改革创新本领和学习本领,善于结合实际创造性推动工作,保持锐意进取的精神风貌,坚持推动改革创新,坚持与时俱进,积极运用互联网信息技术开展相关工作。继续加大"为官不为"治理工作力度。不断增强干部队伍的危机感,防止行政机关的不作为、慢作为、乱作为现象,把不愿意为人民服务、不会为人民服务的干部调整下来,坚持任命想为百姓做实事并且能做实事的干部,从而激发各级干部为人民服务的活力。

2. 完善知识产权保护政策

尽管广州当前对知识产权的保护已走在全国前列,但仍不可松懈;应继续建立健全方便、快捷、低成本的知识产权保护机制,完善执法维权和检举投诉平台;建立快速立案、查案、结案的知识产权快速处理机制;强化相关知识产权的审查、授权、维权一站式服务;加大维权奖励,降低维权成本;增强审判人员素质,提高执法水平。坚决依法从严、从重、从快打击侵权行为,产生震慑效应,着力破解知识产权代理队伍规模小、服务能力弱等问题,优化知识产权服务业的行业环境。

3. 提高法制化水平

建立公平正义的法治环境,规范行政执法水平,坚持营造良好的市场环境。包括建设法治政府,不断规范商业纠纷案件的处理环节,提高司法审判以及执行效率,全面支持企业维权,解决商事纠纷;不断完善企业、个人、政府信用信息统一征集平台和信用信息共享机制,建立黑名单制度和市场退出机制,强化政务诚信、商务诚信、社会诚信和司法公信建设的联合推进,优化社会信用环境。

4. 推进供给侧改革，降低生产要素成本

针对用能成本较高问题，扩大用电侧改革试点，建议降低工商业电力进入电力市场的"门槛"，切实降低实体经济企业用电成本。针对用地成本较高的问题，应制定合适的高标准厂房政策，鼓励企业接地增效，支持鼓励各地建设高标准厂房，允许一定的厂房分割和转让。

二、优化政务服务

1. 积极推进登记注册电子化改革，简化行政审批程序

一方面，需要不断深化行政审批"两集中、两到位"改革，积极拓展电子营业执照使用功能，推行"联审、代办"一站式服务，提高审批效能。坚持申请、受理、审查、核准、发照、公示等全程电子化登记管理，从根本上提高行政审批效率，简化规范行政审批程序。另一方面，可通过推进事项全流程网上办理，以加强政府信息公开，加强信息共享。如搭建完善的政企沟通平台，以此畅通企业表达诉求、反映困难的渠道，使得政企双方交流无阻碍。如政府窗口可借鉴银行等机构推广微信公众号预约取号，动态排队，从而方便群众办事。为进一步优化网办服务流程，应坚持简化办事流程和办事材料，本着"先信任，后审批"的原则为企业提供更贴心的服务。此外，政务服务要凸显以人为本的服务理念，无时无刻不以群众需求为导向，规范文明礼貌用语，可通过建立统一的评价体系以评判窗口服务人员的服务态度，更可通过暗访、问责、整改等方式提升服务水平。

2. 深入贯彻落实全国通关一体化、"两中心、三制度"改革，提升各口岸通关效率

一是可从优化现场审单、深化征管改革、完善风险布控、推进信用管理等方面入手，实施企业自报自缴等措施；二是可开展简化加工贸易企业报核程序，取消异地加工贸易审核以缩减加工贸易企业异地备案核批时间；三是应全面提升各通关口岸的智能化水平，加强口岸的信息化建设力度，保证各口岸稳定的Wi-Fi运行环境，提高信息化程度。

3. 简化外商投资以及外商企业注册程序

如在投资准入放开方面，加快放开部分竞争性领域外资准入限制和股权比例限制；深化外资企业"一窗受理"改革，实现外资企业设立全程电子化，全面缩短外商投资企业备案事项办理时限。

三、改善金融环境

1. 规范融资市场，解决中小企业融资难题

建议银行和政府共同承担风险，对中小型企业进行融资支持；可以在银行建立专门为中小企业融资的部门，建立信用评级制度专门对中小企业进行信用审核，推出合适的贷款政策或是信贷产品，满足企业的融资需求；修改当前固定的利率政策，对中小企业的贷款需求进行相应的风险评估，对不同风险等级的贷款制定对应的贷款利率，以规避贷款风险；强化金融业的监督管理，杜绝任何违规操作，如对中小企业贷款收取较高贷款手续费、抽贷断贷等；考虑联合有关金融机构、国有企业、民营资本成立给中小企业提供金融服务的机构，提高企业直接融资比重，降低融资成本。

2. 积极跟进"放管服"改革，优化税收环境

推进简政放权，一方面应完善有关法律，改革税制，简化税制，适度降低企业所得税等法定税费率，从根本上为企业减压；另一方面应有序彻底地为企业税收"松绑"，推行税收权力和责任清单制，优化相关审批程序，精简涉税资料，简化纳税人设立、迁移和注销手续，降低遵从成本；另外可借助互联网简化税收流程，取消不必要的程序性事项，为纳税人缩短办税时间。加强税收管理，完善税务稽查，可借助大数据管理提高稽查效率，不断规范税收执法，严格征收管理，提升征税透明度；放管有机结合，明确税收管理员职责，做好各项风险应对，可建立电子税务局，从而能够在线受理相关业务，提高办事效率。在优化纳税服务方面，不仅应提升税收服务品质，还应提升纳税人税收管理改革参与度，让纳税人积极参与到税收治理中去，积极培育征税纳税的新关系；伴随"一带一路"倡议，更应积极配合企业"走出去"，为"走出去企业"提高业务指导、税收服务。对于"走出去"企业来说，企业更关心东道国的税收制度是否透明、规范，发生税收争议时企业可能缺少应对能力，必要时可通过国际税收协调保护企业合法权益。

四、加大人才引进

1. 优化人才结构，积极推动产业与人才的有机结合

当前人才引进难的问题普遍存在，当下各城市为吸引人才推出了各项优惠政策，全国不少省份和城市纷纷加入了"抢人"大战中，广州市也不例外。然而目前广州的人才结构仍旧不够合理，仍然存在高层次人才不够集聚、贡献度不够高等问题，没有充分发挥各行业人才在产业发展中的"领头羊"作用，且受"官本位"思想的影响，极大限制了人才的发展空间。当下应积极建立和完善人才竞争、激励和选择机制，搭建人才创业交流平台，鼓励创新创业，深化招生制度改革，培养动手能力强的专门性人才，完善高校教师和科研人员评价标准，纠正职称晋升、岗位招聘中的唯论文倾向，保证人才的队伍的良性循环，用人所长，充分发挥人才的作用，推动人才与产业的有机结合。

2. 坚持完善各项人才引进制度

一方面，需要整合当前的各类人才引进优惠政策，加大宣传力度，增强广州对人才的吸引力；另一方面，应继续完善医疗、教育、交通、住房等条件，解决人才的安居问题。此外在人才引进环节中尽量减少各项审批程序，适当放宽人才引进限制条件，避免因政策优惠不足导致人才流失。

热点篇

第八章

21世纪海上丝绸之路与广州对外开放

第一节 21世纪海上丝绸之路与我国的对外开放

21世纪海上丝绸之路顺应世界多极化、经济全球化、社会信息化的潮流，秉承开放的区域合作精神，致力于维护全球自由贸易和开放型经济。21世纪海上丝绸之路既是中国扩大和深化对外开放的需要，也是加强与亚欧非世界各国互利合作的需要。21世纪海上丝绸之路建设不仅助推中国梦的实现，同时也有利于实现联合国和平与发展宗旨，体现中国崛起的天下担当。因此，21世纪海上丝绸之路是我国新时期经济外交的重要平台，也是我国新一轮对外开放的重要举措。[1]

一、建设21世纪海上丝绸之路的主要背景

1. 是适应"新常态"的重大战略举措

21世纪海上丝绸之路战略的提出和实施，正值我国经济发展进入"新常态"，经济呈现出新的重大趋势性变化和阶段性特征：经济下行压力加大，传统需求拉动力减弱，投资、出口增速明显回落，基础设施、制造业需求增速大幅放缓，传统要素供给增速放缓，投资边际效益下降等。[2] 在"新常态"下，中国经济面临着经济增长动力转化的问题，即在解决经济发展问题上需

---

[1] 《推动共建丝绸之路经济带和21世纪海上丝绸之路的愿景与行动》.
[2] 王辉. "一带一路"战略对我国发展环境的影响 [N]. 经济日报，2015－04－30.

要进行结构性大调整,以寻求经济增长的新动力、新方式、新路径。中国的经济结构将发生全新的变化,如经济增长的推动力将从过去依靠数量型转变为质量型、拉动经济增长的动力由外需转变为内需和由投资转变为消费,经济制度也将更为开放等。面对严峻的经济形势,"新常态"的重要内容之一就是加快构建开放型经济新体制,而建设21世纪海上丝绸之路既是开放型经济新体制的重要组成部分,又是我国国内"转方式""调结构"的重要举措。因此,21世纪海上丝绸之路建设是我国在面临"新常态"形势下提出的重大战略构想。通过建设21世纪海上丝绸之路,可以使我国从更广大的视角和更广阔的舞台来对待和解决"新常态"下的经济发展问题,更好地适应"新常态"。

2. 是促进中国区域协调发展的客观要求

长期以来,区域发展不均衡是困扰我国经济社会发展的一大难题。中国对外开放是从东部沿海地区开始的,主要是向东开放,重点面向亚太地区的发达国家。中国过去三十多年在向东开放方面取得了显著的进展,东部地区充分利用沿海地缘优势,整合国际和国内要素资源,加强与世界主要国家之间的贸易和投资联系,取得了率先发展的巨大成就。但是,广大的中西部地区作为"大后方",远离国际大市场,对外开放和经济发展长期落后于东部地区,成为中国地区经济结构失衡的主要原因之一。而21世纪海上丝绸之路重点是向西开放,面向西部的发展中国家。面向西部发展中国家及西部大开发战略是中国对外开放和区域发展战略的重大转变。向西发展将使中国面对一个人口更多、发展潜力更大、内容更加广泛的国际舞台,广大的中西部地区,将由开放的"后方"转变为开放的前沿,有助于提升这些地区整合国际国内要素资源的能力和经济发展水平,形成东西双向的全方位开放格局。①

3. 是沿线国家和地区经济发展与战略调整对中国的现实需求

21世纪丝绸之路不但是中国目前转型的重要平台和未来拓展空间的重要方向,而且是亚欧非大陆建设利益共同体、发展共同体和命运共同体不可替代的战略依托。面对各种困难,唯有通过更大范围的合作才能实现互利共赢的发展。2008年全球金融危机不仅改变了发达国家经济增长的轨迹,发展中

---

① 全毅,汪洁,刘婉婷.21世纪海上丝绸之路的战略构想与建设方略[J].国际贸易,2014(8).

经济体也同样面临经济增长模式转型。目前，21世纪海上丝绸之路沿线国家和地区经济处于快速增长与结构调整时期，对资金等需求超过了以往历史上任何时期，而美国、日本等传统大国的经济实力下降使得它们对地区经济发展的支持力度也趋于下降，中国正在替代它们成为地区经济增长支持者。基于此，21世纪海上丝绸之路的建设实际上在一定程度上填补了地区发展中国家继续获取外部支持的空间，有助于打破传统的产业分工模式，为沿线国家和地区提供经济增长与结构转型的新机会。

4. 是中国与周边国家和地区经济关系转型的必然结果

随着中国成为世界第二大经济体和第二大贸易国，对外经济关系正面临与以往不同的新局面。中国经济地位的显著增强产生了两方面的效果：一方面是对相关国家和地区的吸引力上升，它们期待与中国合作，依托中国的大市场加快自身的发展，分享中国发展的机遇。另一方面，一些国家和地区对中国崛起变得警惕，采取竞争、遏制甚至对抗策略。换而言之，中国经济的发展给周边国家和地区带来双重的影响，周边国家和地区在享受中国经济发展机遇的同时，对中国产生一定的防范心理。这种防范心理与美国重返东亚战略一拍即合，导致中国与一些东南亚国家的海上争端有所激化；同时在对外经贸关系上也面临美国主导的 TTIP 等经济集团的挤压。为了破解发展困局，寻求新的经贸发展空间，我国提出"一带一路"倡议，既是中国对外战略的一次重大调整，也赋予丝绸之路新的含义。[①]

二、对中国与"一带一路"沿线国家和地区合作前景的实证分析

本部分主要运用数理统计的方法，分析中国与"一带一路"沿线64个国家和地区的合作情况及影响因素。

图8-1展现了《中国对外直接投资》中公布的中国对"一带一路"沿线国家和地区的投资流量状况。2003年中国对"一带一路"沿线国家和地区的投资流量为28.75亿美元，到2009年为565.31亿美元，2015年为1 456.70亿美元，2003~2015年年均增长38.70%。图8-2从《商务部对外

---

① 全毅，汪洁，刘婉婷.21世纪海上丝绸之路的战略构想与建设方略［J］.国际贸易，2014(8).

直接投资企业名录》中核算了中国对"一带一路"沿线国家和地区投资的企业数情况。2003 年中国到"一带一路"沿线国家和地区投资的企业数为 20 家,到 2009 年为 763 家,2014 年为 1 454 家,2003～2014 年年均增长 47.65%。由此可见,无论是投资流量还是投资企业数都快速增长,中国与"一带一路"沿线国家和地区合作的规模愈发扩大。

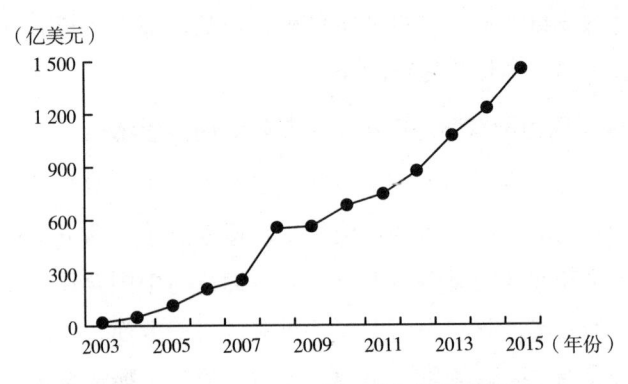

图 8-1 中国对"一带一路"投资的流量

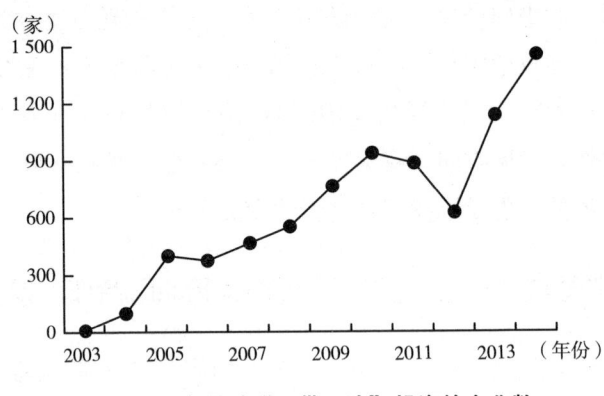

图 8-2 中国对"一带一路"投资的企业数

我们通过观察中国与"一带一路"沿线国家和地区贸易上的互补性,来展现二者合作的前景。我们构造以下互补性指数:

$$I_{ij} = 1 - \frac{T_i T_j'}{(T_i T_i')^{\frac{1}{2}} (T_j T_j')^{\frac{1}{2}}} \tag{8.1}$$

其中,定义向量 $T_i = (T_{i1}, T_{i2}, \cdots, T_{iN})$,其中,$T_{i\tau}$ 为某地区向中国进口行业 τ 占总进口的比重,N 为进口行业总数,向量 $T_j = (T_{j1}, T_{j2}, \cdots, T_{jN})$,其中,$T_{j\tau}$

为某地区向中国出口行业 τ 占总出口的比重，N 为出口行业总数。由此，指标 I 越大，中国与沿线国家和地区的贸易互补性就越大，相反，指标 I 越少，中国与沿线国家的贸易互补性就越低。

图8-3展示了中国与沿线64个国家和地区的互补性指标均值。2003~2011年，中国与沿线国家和地区的互补性较为平稳，2003年为0.82，2011年为0.82，基本保持不变。但2011年之后，互补性下降明显，2014年下降至0.76。虽然互补性指数在下降，但超过0.7的互补性，表明中国与沿线国家和地区合作的前景巨大，有很广阔的合作空间。

与此同时，中国与沿线国家和地区互补性的局域差异在扩大。图8-4使用了互补性指数的变异系数反映区域差异。可以发现，2011年后，互补性指数的区域差异在扩大，变异系数从0.32上升到2014年的0.38。由此可见，虽然中国与沿线国家和地区总体上互补性在减弱，但区域差异在扩大，即部分国家和地区与中国的互补性减少明显，但同时也有部分国家和地区与中国的互补性在加强。中国仍可与沿线国家加强合作。

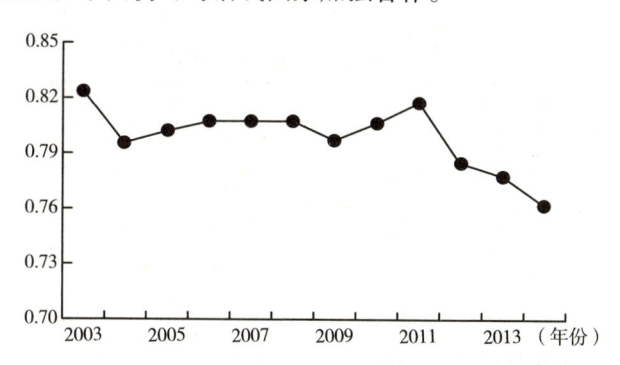

图8-3　中国与"一带一路"国家和地区的贸易互补性

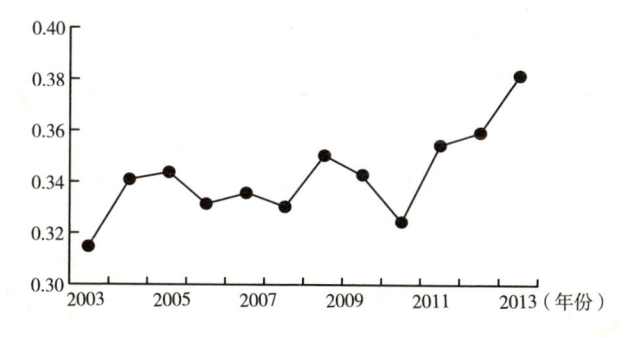

图8-4　中国与"一带一路"国家和地区互补性的区域差异

其后，建立实证模型检验，中国与沿线国家和地区互补性是否能提高中国对沿线国家的直接投资。为此，我们构建以下计量模型：

$$lofdi_{it} = \alpha + \beta iit_{it} + \lambda X_{it} + \varepsilon_{it} \quad (8.2)$$

其中，$lofdi_{it}$ 是中国在时间 t 对国家 i 的直接投资对数值，表征中国对沿线国家和地区 i 的合作规模。iit 为上文构建的中国与沿线国家和地区的互补性指数。X 为控制变量，我们同时控制了沿线国家（地区）和中国方面的变量，详见表 8-1。包括：沿线国家和地区人均实际 GDP 对数（$lpgdp$）、沿线国家和地区的第二产业比重（$wg2$）、国际金融危机虚拟变量（当年份为 2008~2011 年就赋值为 1，其他赋值为 0，cri）、沿线国家和地区对外开放度（进出口总额/GDP，$open$）、沿线国家和地区对中国进出口总额占全部进出口的比重（$eximr$）、中国人均实际 GDP 对数（$lcpgdp$）、中国第二产业比重（$cwg2$）、中国对外开放度（$copen$）、沿线国家和地区的政治制度质量（$poli$）、中国的政治制度质量（$cpoli$）、中国与沿线国家和地区政治质量的距离（$polid$）、中国与沿线国家和地区的人均实际 GDP 的距离（$dlpgdp$）。

表 8-1　　　　　互补性对中国对外直接投资的影响

	(1)	(2)	(3)	(4)	(5)
iit	2.092**	2.055**	2.223**	2.296**	2.345**
	(0.912)	(0.995)	(0.910)	(0.916)	(0.919)
$lpgdp$	8.663***	7.579***	0.989	0.642	0.655
	(0.541)	(0.881)	(1.237)	(1.295)	(1.377)
$wg2$	-0.112***	-0.123**	-0.031	-0.026	-0.018
	(0.037)	(0.049)	(0.047)	(0.048)	(0.049)
cri	0.003	-0.210	-0.383**	-0.369*	-0.360*
	(0.179)	(0.192)	(0.182)	(0.189)	(0.189)
$open$		0.013*	0.009	0.009	0.008
		(0.007)	(0.006)	(0.006)	(0.007)
$eximr$		10.655	0.087	1.379	5.921
		(16.113)	(15.095)	(15.198)	(15.858)
$lcpgdp$			5.264***	5.090**	5.119**
			(1.594)	(2.200)	(2.242)

续表

	(1)	(2)	(3)	(4)	(5)
$cwg2$			-0.456	-0.403	-0.438
			(0.359)	(0.482)	(0.484)
$copen$			0.028	0.029	0.029
			(0.021)	(0.022)	(0.022)
$poli$				0.720	1.047
				(0.783)	(0.837)
$cpoli$				0.290	-0.021
				(3.132)	(3.155)
$polid$					-0.768
					(0.962)
$dlpgdp$					-0.435
					(0.498)
Constant	-59.242***	-52.675***	-23.424**	-21.960**	-19.873*
	(4.551)	(6.309)	(9.475)	(9.940)	(10.244)
R2	0.499	0.483	0.576	0.578	0.581
N	317	264	264	264	264

注：(1) ***、**、*分别表示在1%、5%和10%水平上显著；(2) 小括号中为标准误；(3) R2、N分别是拟合优度和样本数。

于是，系数β的符号与大小衡量着中国与沿线国家和地区的互补性对中国向该地区直接投资的影响。若β显著大于0，说明互补性越强，中国对沿线国家和地区的直接投资就越多，合作规模就会越大；若β显著小于0，说明互补性越强，中国对沿线国家和地区的直接投资就越少，合作规模就会越少；若β不显著，也就是说互补性不影响中国的对外直接投资。

表8-1中五个方程，无论添加怎样的控制变量，系数β均显著大于0，表明中国与沿线国家和地区的互补性与中国对该地区直接投资呈正相关，互补性越大，中国对该国的直接投资就越多，合作规模也越大。从数值上说，以第（5）列为例，互补性指数提高1个单位，中国对该国的直接投资就提高2.34%。结合上文的分析，中国与"一带一路"沿线国家和地区存在较大的互补性，中国对沿线国家和地区的直接投资的前景看好，两者的合作规模将快速增加。

第二节　广州在海上丝路的历史地位和作用

一、海上丝绸之路的发展历史[①]

"丝绸之路"最早由德国地理学家、地质学家李希霍芬在19世纪70年代的《中国旅行记》一书中提出。在古代，从中国经西域到希腊、罗马的陆上交通路线上有大量的中国丝绸和丝织品通过，因而将此路线称为丝绸之路。历史上，起始于中国的丝绸之路将亚洲、非洲和欧洲的商业贸易连接起来，促进了东西方的货物交换和文化科技交流。后来"丝绸之路"一词泛指中国与西方之间的所有往来通道。丝绸之路可分为陆上丝绸之路和海上丝绸之路。陆上丝绸之路以古都长安为起点，经河西走廊沿天山南北两路进入中亚地区，沿黑海南北两岸进入欧洲。海上丝绸之路则是中国历史上以丝绸、瓷器、茶叶等商品交易为特征、连接中外海上贸易的交通线，以及由此建立的源远流长的中外经济、贸易和人文联系。

自秦汉以来的两千多年，海上丝绸之路始终是东西方商贸流通、人员往来、文化交融的重要海上通道，对中国和沿线各国（地区）的经济社会发展产生了深远影响。海上丝绸之路主要有东海启航线和南海启航线：东海航线主要是前往日本列岛和朝鲜半岛，宋朝之前主要由宁波进出港；南海航线主要是往东南亚及印度洋地区，主要由广州进出港。历史上，海上丝绸之路的发展大致分为四个主要阶段：一是秦至汉代的开辟期；二是魏晋至隋唐的发展期；三是宋代至元代的繁荣期；四是明代至清代的由盛转衰期。纵观从秦汉时期到明清时期的海上丝绸之路，无论兴盛还是衰落，都有着一些共同的特点，如开放的对外政策、开明的君主统治、以官方为主导等。

随着当代中国走上复兴之路，海上丝绸之路也呈现出前所未有的蓬勃发展趋势。2013年10月，习近平主席在印度尼西亚国会演讲时，首次提出共

[①] 关于海上丝绸之路的发展历史，由以下两篇文献整理而来：
许尔君. 海上丝绸之路的历史、现实和未来 [J]. 泰山学院学报，2016（9）.
李庆新. 历史视野下的广东与21世纪"海上丝绸之路" [D]. 海上丝绸之路建设与琼粤两省合作发展——第三届中国（海南·广东）改革创新论坛论文集，2014.

建"21世纪海上丝绸之路"倡议。他指出东南亚地区自古以来就是"海上丝绸之路"的重要枢纽,中国愿同东盟国家加强海上合作,使用好中国政府设立的中国—东盟海上合作基金,发展好海洋合作伙伴关系,共同建设21世纪海上丝绸之路。同年11月,中共十八届三中全会在《关于全面深化改革若干重大问题的决定》中强调要"推进丝绸之路经济带、海上丝绸之路建设,形成全方位开放新格局"。2014年3月,李克强总理在十二届全国人大二次会议政府工作报告中,明确要求"抓紧规划建设丝绸之路经济带、21世纪海上丝绸之路"。2014年11月,习近平总书记在中央外事工作会议上发表重要讲话强调,"要切实加强务实合作,积极推进'一带一路'建设,努力寻求同各方利益的汇合点,通过务实合作促进合作共赢"。2015年3月,《推动共建丝绸之路经济带和21世纪海上丝绸之路的愿景与行动》正式发布,21世纪丝绸之路进入全面建设实施的新阶段。

　　21世纪海上丝绸之路,在传承古代海上丝绸之路和平友好、互利共赢价值理念的基础上,具有新的特点:交通方式上,从传统、单一的航海联系向立体的互联互通转变,包括航空、港口、高速公路、铁路、信息通信等;贸易内容上,以传统商品贸易为主向商品贸易、服务贸易、产业对接并举转变;覆盖范围上,将串联起东盟、南亚、西亚、北非、欧洲等各大经济板块。建设21世纪海上丝绸之路,对于形成全方位的对外开放新格局、促进我国与沿线国家的友谊与合作,具有重大而深远的意义。可以说,21世纪海上丝绸之路,是促进共同发展、实现共同繁荣的合作共赢之路,是增进理解信任、加强全方位交流的和平友谊之路。

二、广州是海上丝绸之路的发祥地之一

　　作为中国与世界其他地区经济文化交流的海上通道,海上丝绸之路从中国东南沿海出发,经过中南半岛和南海诸国,抵达东非和欧洲,至今已经有两千多年的历史。海上丝绸之路最早的起源,在中国的南大门——广州。广州位处出海口,自古以来就是中国对外的窗口,是世界著名的港口城市。

　　早在两千多年前的南越国时期,广州就和东南亚各国进行海上贸易。秦汉时期的番禺,也就是今天的广州,曾经作为南越国的国都和岭南中心城市,是南海北岸的主要港口和舶来品集散中心。1982年,南越王墓出土的具有波

斯风格的银盒、采用两河流域工艺制作的金珠泡饰、非洲原支象牙等珍贵文物，见证了当时"番禺都会"的贸易盛况。南越国时期的对外贸易，不仅奠定了番禺作为南海沿岸的贸易中心与交通枢纽地位，而且为汉代海上丝绸之路发展打下了坚实的基础。汉武帝平定南越以后，很快就派出使臣前往南海诸国，穿越印度洋，最远到达今天的斯里兰卡。这样，从岭南番禺、徐闻、合浦等港口启航西行，与从地中海、波斯湾、印度洋沿海港口出发往东航行的海上航线，就在印度洋上相遇并实现了对接，标志着连贯东西方的海上丝绸之路已经打通。这条连接东西方的海上航路通常被称为南海丝绸之路，是海上丝绸之路的主要航线。①

经过东吴、南朝政权对南方的开发与对海洋的经略，海上丝绸之路进入了不断发展时期。到隋唐时期，中国与西方的交通由以陆路为主逐渐转向以海路为主，海上丝绸之路进入繁荣时期，而广州始终是南海北岸海上交通的要港。唐朝从广州启航的"通海夷道"贯穿南海、印度洋、波斯湾和东非海岸的 90 多个国家和地区，是中古世界最长的远洋航线。海上丝绸之路沿线出现广州、泉州、明州（宁波）、扬州等重要港口，而广州是唐朝最大的贸易中心与南海交通枢纽之一。美国著名汉学家谢爱华（E. H. Schafer）在《唐代的外来文明》中说："南方所有的城市以及外国人聚居的所有的乡镇，没有一处比广州巨大的海港更加繁荣，阿拉伯人将广州称作'Khanfu'（广府），印度人则将广州称作'China'"。唐朝在广州设置了专门管理海路邦交、贸易的官员市舶使，是古代海外贸易制度建设的里程碑，此后一直为宋元明代所沿用。宋元时期基本上是同样的格局，只是元代更开放，海路延伸更加宽广。宋元时期中国造船技术和航海技术明显提高，指南针等技术应用于航海，宋代南海丝绸之路的航线向西延伸到今西班牙的南部。宋神宗时颁布了中国历史上第一部海洋贸易管理条例——《广州市舶条》。②

明清时期是海上丝绸之路发展的转折期。从中国历史看，明清时期长期实施海禁，导致了唐宋以来蓬勃发展的对外贸易受到遏制。1757 年，清廷将对欧美贸易限于广州，即所谓的"一口通商"，它的一系列管理制度被称为"广州制度（canton system）"。此后一直到鸦片战争后五口通商为止，将近一

---

①② 李庆新. 历史视野下的广东与 21 世纪"海上丝绸之路"［D］. 海上丝绸之路建设与琼粤两省合作发展——第三届中国（海南·广东）改革创新论坛论文集，2014.

百年的时间里,广州成为西方人唯一可以进入和从事贸易的中国口岸。①

在当代,三十多年来的改革开放,广州凭借地缘优势,敢为人先,开拓进取,吸收了大量外资,成为东南亚最具影响力最有活力的外贸港口城市,出口创汇从1978年的2.5亿美元发展到2016年的7 789亿美元。

作为世界海上交通史上唯一两千多年长盛不衰的大港以及"历久不衰的海上丝绸之路东方发祥地",广州因海而生,因海而盛,因对外贸易而荣。可以说,海上丝绸之路造就了广州的千年繁华。建设21世纪海上丝绸之路,为广州全面深化改革、扩大对外开放提供了难得的历史机遇和重要平台。作为古代海上丝绸之路重要发祥地和改革开放先行地,广州如何抢抓机遇、拓展空间,如何发挥优势、积极作为,这是一个具有重大战略意义的课题。②

三、广州是21世纪海上丝绸之路的重要战略枢纽

两千多年前,古老的海上丝绸之路,用船橹、风帆将广州与世界串联在一起,推动了世界经济的交汇和文明的变革。两千年后,作为21世纪海上丝绸之重要节点的广州,则用现代化的空港、海港,让这种串联更加高效、快捷,进而引导设施联通、贸易畅通、资金融通。作为国家重要中心城市、国际商贸中心和综合交通枢纽,广州如今正在加速对外开放和创新发展的步伐,一个世界枢纽型网络城市正在快速崛起,并将在国家新一轮高水平对外开放格局和"一带一路"中扮演开放门户枢纽的重要角色。

从自身实际来看,广州具备建设枢纽型网络城市的自然条件和工作基础。广州气候宜人,四季常青,拥有山、水、城、田、海的自然格局,生态要素丰富齐备,城市形态错落有致。历届市委、市政府遵从城市发展规律,把握城市发展阶段性特征,提出一系列城市发展思路,加强城市规划建设管理,构建了各阶段城市格局,拓展了城市发展空间,为建设枢纽型网络城市打下了坚实基础。

2015年,在中央提出的《推动共建丝绸之路经济带和21世纪海上丝绸之路的愿景与行动》纲领文件中,"强化广州国际枢纽机场功能""加强广州

---

①② 李庆新. 历史视野下的广东与21世纪"海上丝绸之路"[D]. 海上丝绸之路建设与琼粤两省合作发展——第三届中国(海南·广东)改革创新论坛论文集, 2014.

等沿海城市港口建设"的表述，对广州的城市功能提出了更高的要求。以此为动力，广州适时提出建设国际空港枢纽、国际海港枢纽、国际创新枢纽的三大枢纽定位。近年来，围绕落实"一带一路"建设和"三大战略枢纽"建设，广州举全市之力大干快上，努力打造成为21世纪海上丝绸之路的重要枢纽城市。打造重要枢纽城市，重点在交通基础设施建设上下功夫，必须大力推进海港、空港、铁路等交通枢纽设施建设，构筑联通内外、便捷高效的海陆空综合运输大通道。

在国际空港枢纽建设方面，白云国际机场是国家定位的三大国际航空枢纽之一，也是国家"一带一路"倡议和构建"空中丝绸之路"的两个国际航空枢纽之一。在客运方面，2016年广州白云国际机场（以下简称"广州白云机场"）旅客吞吐量近6 000万人次，同比增长8.2%；稳居国内航空枢纽排名第3位。在全球机场排名中，广州白云机场的旅客吞吐量超过了纽约肯尼迪机场、新加坡樟宜机场，位列世界第16位。截至2016年底，广州通过白云机场与世界200多个城市或地区建立了航线直通网络，其中国际及地区航点达85个，通航点遍布五大洲。总部位于广州的中国南方航空公司，目前在"一带一路"沿线38个国家和地区的68个城市开通了172条航线，共承运旅客1 500多万人次，其广州枢纽国际航班中转比例已由2009年的25%提升至近50%，已形成了以广州为枢纽、飞向全球的"广州之路"。由于广州优越的地理位置，因此飞往东南亚、南亚、中东、澳大利亚、新西兰、非洲等地区的优势非常明显，航班数量和航线密集度较高。值得一提的是，根据中国民航局发布的最新数据，在仅次于中美的第二大远程国际航空运输市场——中澳航线上，以广州白云机场为基地的南航力压以国内其他航空枢纽为基地的航空公司，客运量遥遥领先，这也助力广州成为中国大陆面向澳新、东南亚和南亚的第一大门户枢纽。在货运方面，广州空港国际物流园区承担着南航、马航、大韩、日航、新航等13家国内外航空公司的货运地面代理操作业务和航班货运保障工作。国际货运业务基本保持平均年增速20%，2016年该园区的国际货运量达到40.89万吨。此外，2016年广州在国际航空枢纽建设方面还取得了以下重要进展：国际航空枢纽的8个重大工程项目先后开展及竣工，其中，第二航站楼主体结构已经基本完成；国家批准广州建设了临空经济示范区；东方航空广东分公司落户广州，广东龙浩航空有限公司总部落户广州；广州率先推动航空口岸查验配套服务改革；新科宇航第二飞机维修机库竣工并投产。2018年世界航线发展大会确定在广州举行。

在国际海港枢纽建设方面，截至2016年末，南沙作业区开通内贸航线28条，较2014年末增加4条，覆盖了珠三角、珠江—西江流域。与此同时，150多条水上驳船支线以珠江干线为纽带，以驳船中转为载体，勾勒出了江海联运体系的轮廓。外贸方面，南沙作业区开通外贸航线73条，较2014年增加25条。而以南沙港为代表的广州港作为全国沿海主枢纽港和集装箱干线港，目前已与100多个国家和地区的400多个港口发生海运贸易，特别是2015年主要面向海上丝绸之路沿线国家新增15条国际班轮航线，港口货物吞吐量突破5.2亿吨，集装箱吞吐量达1762万标箱。2016年，位于珠江口的南沙港货物集装箱吞吐量分别突破了3亿吨和1200万标箱。世界前20名的航运公司均在这里开辟了航线，74条国际集装箱航线通往东南亚、欧洲、非洲等地，"穿针引线"串起了"一带一路"。目前，广州港已与38个国际港口建立了友好港合作关系。2016年，广州港也启动了深水航道拓宽工程，竣工后将实现大型船舶双向通航，大大提升广州港通航能力，世界最大的集装箱船将实现全天候通航。此外，广州港积极推进广州邮轮母港建设，2016年南沙邮轮共开104艘次，完成旅客吞吐量32.6万人次，从零开始跃居全国第三。目前，该邮轮港已成为全国邮轮港口出入境旅客量增长最快的港口，年旅客量处于中国邮轮产业"第一梯队"。

在国际创新枢纽建设方面，广州是国家首批信息和高技术产业基地，拥有世界级的信息港，是中国三大通信枢纽、互联网交换中心和互联网国际出入口之一。其中，国际出口带宽超2000G，是中国内地最大的互联网出口，中国大陆58%的互联网通过广州与世界互联网对接；国际局电路可直达70多个国家和地区，基本形成通达全球的网络架构。大数据云计算服务能力是信息技术新业态发展的基石，2017年6月华南首个数据交易服务平台——"广数Datahub"正式上线运营；建成了广州超算中心、亚太信息引擎、中国电信沙溪云计算中心等一批云计算、大数据中心；培育了杰赛科技、亿程交通等一批新业态企业。2016年，广州国际科技创新枢纽建设24个工程项目完成投资229亿元，同时9个琶洲互联网创新集聚区新建项目先后开工，汇聚了腾讯、阿里、国美、小米等多家国内龙头企业，有望在未来几年成为华南地区乃至国内最大的互联网产业集聚区。近年来，"宽带广州"和"智慧广州"建设成效显著，信息经济对全市经济的带动作用日益增强。广州的互联网企业数量众多，全国互联网百强企业的总数排全国前列、广东省第一。2016 年，广州规模以上互联网和相关服务业实现营业收入增长 97.2%。限额以上网上零售额同比增长 20.7%，高于全市社会消费品零售总额 11.7 个百分点。跨境电子商务进出口 146.8 亿元，同比增长 120%，占全国跨境电商进出口总值的 29.4%，规模位居全国首位。网易、唯品会、多益等 8 家企业入选"中国互联网企业 100 强"，32 家企业评为 2016 年广东省互联网与工业融合创新试点企业。①

随着"三大战略枢纽"建设工作稳步落实，国际空港枢纽、国际海港枢纽、国际创新枢纽等三大枢纽渐次成型，广州的网络城市枢纽功能得到逐步提升，对全球高端资源要素的集聚力日益凸显。

四、广州在 21 世纪海上丝绸之路建设中的突出优势②

作为古老海上丝绸之路的发源地以及 21 世纪海上丝绸之路的重要枢纽城市，广州要在国家新一轮高水平对外开放和 21 世纪海上丝绸之路建设中扮演重要角色和发挥关键作用。在建设 21 世纪海上丝绸之路的进程中，广州在历史、区位、产业、商贸、血脉以及人文等方面具有突出的优势。

1. 源远流长的历史优势

广州是古代中国与外国贸易和文化交往中海上通道的重要起点。从历史的角度来看，广州作为海外贸易和中外友好往来的枢纽中心、东西方物质文化和精神文明交融汇通的集散中心持续繁荣千余年。广州古称番禺，自秦汉起，作为中国的"南大门"，成为印度洋地区及南海等国家商船到达中国贸易必先停泊的港口，所以当时航线称作"广州通海夷道"。清初政府闭关锁国，唯独广州"一口通商"，粤海关成为当时中国唯一的通商港口，广州十三行成为海上丝绸之路繁荣发展的历史巅峰。鸦片战争以后，广州地区最早受到西方资本主义的影响，兴起了大批企业，民族工业有较大发展，西方国家的工业文明通过广州登陆，在全国扩展开来，开启了中国近现代工业文明

---

① 资料来源于广州市统计局。
② 关于广州在 21 世纪海上丝绸之路建设中的突出优势的论述，根据以下两份整理而成：
朱明国. 发挥广东优势，大力推进 21 世纪海上丝绸之路建设 [N]. 南方日报，2014 - 06 - 04.
李尧磊. 关于广东参与 21 世纪海上丝绸之路建设的研究 [J]. 中国商论，2005 (19)．

的新篇章。三十余年来,广州得风气之先,成为中国改革开放的"窗口"和重要"引擎"。广州改革开放的辉煌,续写了海上丝绸之路的新篇章。①

2. 得天独厚的区位优势

广州地处中国南部、广东省中南部、珠江三角洲中北缘,在西江、北江、东江三江汇合处,濒临中国南海,地理位置优越,被称为中国的"南大门"。优越的地理区位优势使得广州在历史上取代其他城市成为海上丝绸之路的始发港,并作为重要的对外贸易港口繁荣千年。在21世纪海上丝绸之路建设中,广州的区位优势同样明显,综合服务中枢地位突出。

国际区位方面,作为中国南大门的广州,有通达东北印度洋、南亚次大陆国家的最短航路,到达印度洋西岸、非洲国家的最近距离,到达西亚和欧洲、实现海上丝绸之路与陆上丝绸之路对接的最便捷通道。此外,广州处于中国—东南亚区域经济区的几何中心,与东南亚等亚洲国家的交通距离均在3~4小时的航程内,是区域国际商贸、物流的理想基地。区域区位方面,广州是国家中心城市,位于珠江三角洲城市群的中心,也是华南地区的经济中心。

优越的地区和区域中心优势,使广州成为中国为数不多的同时具备内外辐射带动潜能的城市之一。对内,广州能够辐射华南以及西南、中南部分地区;对外,广州可以在中国与东盟、南亚、西亚和非洲经济往来中扮演关键角色。此外,广州拥有广州港,是连接广州与丝绸之路沿线国家的海上门户——广州港是华南最大的综合性枢纽港、中国第四大港口,吞吐量居世界第5位,主要服务于珠江西岸市场。

3. 实力雄厚的产业优势

产业发展是经济发展的核心基础,产业结构水平对于广州积极参与21世纪海上丝绸之路建设具有至关重要的作用。目前,广州已基本建立起以服务经济为主体,现代服务业、先进制造业、战略性新兴产业互动融合的现代产业体系。统计数据显示,2015年广州全市实现地区生产总值18 100.41亿元,同比增长8.4%。一、二、三次产业分别完成了增加值228.09亿元、5 786.21亿元和12 086.11亿元,三次产业占比由2010年的1.75∶37.24∶

---

① 朱明周. 发挥广东优势,大力推进21世纪海上丝绸之路建设 [N]. 南方日报,2014-06-04.

61.01调整为1.26∶31.97∶66.77，第三产业比重远超农业、工业总和。

2015年广州全年服务业增加值12 086.11亿元，增长9.5%，正逐渐成为广州转型升级的助推器和"领头羊"。从服务业的内部结构来看，现代服务业增势好于传统服务业，金融、信息服务两大现代服务业占服务业比重（18.3%）比2014年末提高0.7个百分点，批发零售、交通运输两大传统服务业占服务业比重（32.6%）下降0.9个百分点。

在制造业方面，广州设立30亿元工业发展资金支持机器换人等高端化工业发展，2015年全年规模以上工业总产值18 712.36亿元，增长6.4%。先进制造业增势好于传统制造业，汽车、电子和石化三大支柱产业产值（增长8.7%）、高新技术产品产值（增长8.2%）增长均快于工业平均水平，高新技术产品产值占工业比重（45%）同比提高1个百分点；纺织服装和食品制造等传统工业仅增长2.9%和1.1%。

在战略性新兴产业发展上，广州狠抓35个战略性新兴产业基地建设，设立新兴产业创投引导资金参股孵化基金，支持创新型企业发展。2015年，广州市智能装备、新能源汽车、跨境电商、"互联网+"等新兴产业和业态迅速发展，战略性新兴产业增加值增长10%以上，占GDP比重突破10%。目前，广州已形成批发零售、金融、房地产、租赁和商务服务、交通运输、汽车、石油化工、电子、电力热力生产供应、电气机械及器材制造等10个千亿级产业集群，有力地支撑着全市经济发展。①

4. 紧密联系的商贸优势

广州作为中国南大门，历来就是中国重要的对外贸易中心以及中国与东南亚国家贸易往来的重镇。改革开放以后，广州长期与海上丝绸之路沿线国家维持着紧密而良好的经贸合作关系，双边和多边贸易关系不断升级，连续多年保持增长态势。尤其是自2002年中国—东盟自贸区框架协议签署以来，广州与东盟经贸合作不断深化，在对外贸易、利用外资、对外经济合作以及服务贸易等方面均取得了巨大进展，相互成为对方的重要经贸合作伙伴。随着丝绸之路战略的实施，广州与沿线各国和地区双边、多边合作将不断深入，利益纽带也将日益牢固。此外，在广州举办的"广交会"，是中国目前历史

---

① 数据与资料来源于广州市统计局与广州人民政府网。

最长、规模最大、商品种类最全、到会采购商最多且分布国别地区最广、成交效果最好、信誉最佳的综合性国际贸易盛会。广交会作为中国外贸发展的最重要促进平台，一直致力于深化与21世纪海上丝绸之路沿线国家和地区的经贸合作，是连接中国与沿线国家和地区经贸往来的桥梁和纽带，在推动双边经贸发展中发挥着不可替代的重要作用。①"一带一路"沿线国家和地区的采购商对广交会举足轻重——第一届广交会即有来自新加坡、马来西亚、印度尼西亚等9个沿线国家和地区的采购商与会。改革开放以后，尤其是中国加入世贸组织以来，每届广交会沿线国家和地区采购商人数均超过与会总人数的1/3。近年来，沿线国家和地区采购商的增长态势越发明显。另外，《广州专业市场行业发展报告（2015—2016）》显示，目前广州共有978个专业市场，市场规模已经发展至近1万亿元人民币，占全国专业市场交易总额的1/7。广州专业市场的产品凭借质量可靠、价格便宜、物流交通成本低的优势，吸引了大量外商特别是海丝沿线国家和地区的客商来广州采购商品。

5. 华侨众多的血脉优势

广东是全国第一侨乡，现有3 000多万海外侨胞，占全国的2/3，遍及世界160多个国家和地区。其中，广州的华侨、华人、港澳同胞人数在中国直辖市及单列市中位居第一，是华侨华人最多的大城市，具有丰富的侨胞资源。广州早期移民许多因通商定居在贸易和交通发达的东南亚各口岸，这些移民沿海上丝绸之路居住和经商而成为华侨华人的最早形态。近代以来，广州华人漂洋过海，"下南洋""走非洲""闯北美""奔拉美"，足迹遍布全球各地。这些旅居海外的华侨在对侨居地的开发建设，促进中外友好关系、经贸往来以及科技文化交流等方面发挥了重要作用。

目前，我国海外共有6 200多万华侨，其中4 000多万分布在东南亚国家。这里恰好是21世纪海上丝绸之路主要航道辐射的地区。在推进21世纪海上丝绸之路建设时，广州海外华侨会是共建21世纪海上丝绸之路的天然合作者、积极贡献者和努力推动者。

6. 文化相通的人文优势

海上丝绸之路不仅是商贸往来的重要渠道，也是文化交流融合的重要渠

---

① 刘丽娜，等. "一带一路"为全球带来增长亮色［EB/OL］. 国务院新闻办公室网站，www. sao. gw. cn.

道，文化交流在其中发挥着基础作用。历史上，通过海上丝绸之路，中华文化传播至沿岸国家，其中包括儒家思想、律令制度、汉字、服饰、建筑、工艺等。至今，在东南亚不少国家还有着与中国相似的风俗、节令，有着相近的价值认同和道德观念。

大量的广州籍华侨华人生活在东南亚各国，他们讲粤语、吃粤菜、唱粤剧，文化上的共通性和认同感，使岭南文化在沿线各国（地区）得到很好的传播。在海外不少国家华人圈里，粤语至今仍是一门最为通用的语言。

另外，广东尤其是广州一直重视对海上丝绸之路沿线国家和地区的文化交流活动，当地华侨华人成为岭南文化重要的接受者与传播者。

第三节　广州与21世纪海上丝绸之路沿线国家和地区的合作现状

在与"一带一路"沿线国家和地区开展经贸合作方面，广州市此前出台了《广州市推进21世纪海上丝绸之路建设三年行动计划（2015—2017年）》，提出要努力把广州建成21世纪海上丝绸之路核心枢纽、对外交往中心、国际区域合作新模式的试验区。围绕这一战略，广州市引导企业树立战略思维，拓宽全球视野，在东盟、欧洲、非洲等地广泛布局。

一、经贸合作

1. 进出口贸易

2012年，广州市与"海丝"国家和地区外贸进出口201.2亿美元，同比增长3.4%。其中，出口93.4亿美元，增长5.2%；进口107.8亿美元，增长1.8%。2014年的进出口总额为264.3亿美元，同比增长18.8%，占全市贸易总额的20.2%。其中，出口159.0亿美元，增长34.8%；进口105.3亿美元，增长0.8%。2012年，广州与"海丝"国家和地区贸易出现逆差，差额约14亿美元，到2013年贸易"转正"，逆差变为顺差7.5亿美元，顺差在

2014年进一步扩大,达到53.7亿美元,增量很大。① 2016年,广州与"一带一路"沿线国家和地区进出口总额达2 160.9亿元,占全市外贸进出口总值的1/4。②

2. 利用外资

针对"一带一路"沿线国家和地区的特点,广州根据自身优势以及不同地区的产业特点,积极开展"引进来"促进工作,推动产业和资本在广州集聚,增强广州的产业辐射力。近年来,广州先后在多个21世纪海上丝绸之路沿线国家和地区举办招商引资推介,推动沿线国家和地区加大在广州的投资力度。2012年,广州吸收"海丝"国家和地区外资项目104个,增长18.2%;实际利用外资4.8亿美元,增长1倍。2014年,"海丝"外资项目93个,增长9.4%;实际外资2.4亿美元。截至2015年底,广州市累计吸收"海丝"沿线国家和地区外资项目1 509个,实际吸收外资30.3亿美元。③

3. 对外投资

作为国家重要的中心城市及国际商贸中心,广州与"一带一路"沿线国家和地区的经贸往来日益密切,广州企业走向全球化的过程中更是选择"一带一路"沿线和地区作为重要节点,广州企业近几年来加快了"走出去"的步伐。2012年,广州企业经核准在"海丝"国家和地区投资设立18家企业(机构),投资总额3.02亿美元,中方投资额2.49亿美元。2014年,投资项目27个,投资总额4.94亿美元,中方投资额4.34亿美元。2016年,广州在"一带一路"沿线国家和地区投资步伐显著加快,共投资设立31家企业(机构),同比增长76.0%,中方协议投资额8.05亿美元,同比增长1.2倍。根据最新的数据显示,2017年一季度,广州市对"一带一路"沿线国家和地区投资持续升温,投资项目11个,中方协议投资额1.60亿美元,同比增长5.5倍。截至2017年5月,累计在沿线国家和地区设立166家企业(机构),中方协议投资额21亿美元。④

目前,广州已初步形成了以东盟为重点,在"一带一路"沿线地区全

---

① 朱伟良. 掘金"一带一路",广州步伐加快 [N]. 南方日报,2015 - 04 - 15.
② 广州加快构建开放型经济新体制 [N]. 广州日报,2017 - 06 - 04.
③ 朱伟良. 掘金"一带一路",广州步伐加快 [N]. 南方日报,2015 - 04 - 15.
④ 朱伟良,何鹏,陈恩勤. 穗企加快步伐布局"一带一路" [N]. 南方日报,2017 - 05 - 16.

面、均衡布局的投资格局。其中,广州企业充分依托了在汽车、船舶、电子信息、制造、轻工业等产业的优势,充分利用"一带一路"沿线地区资源丰富、劳动力富足、成本低廉等条件,推动企业加快在境外设立生产基地,构建营销网络。此外,建设海外研发中心、开展品牌并购成为广州企业"走出去"的新亮点。

二、互联互通

作为中国的南大门,广州自秦汉时期起就是海上丝绸之路的重要进出港口。时移势易,广州与世界的联系再也不是仅仅依靠海运,而发展出海陆空三位一体的高速连接方式。

1. 海路运输

广州港位于珠江入海口和珠江三角洲中心地带,港区水域跨广州、东莞、深圳、中山、珠海五市,是国家综合运输体系的重要枢纽、我国沿海主要港口和集装箱干线港,是华南和西南地区广泛连接国际市场、全面参与国际经济竞争与合作的重要支撑,是建设21世纪海上丝绸之路的重要节点。改革开放30多年来,广州港不断发展壮大。1999年广州港货物吞吐量突破1亿吨,成为我国第2个亿吨大港,2004年突破2亿吨,2006年突破3亿吨,2010年突破4亿吨;2013年广州港完成货物吞吐量4.73亿吨,居世界港口第五位。2016广州港全港货物吞吐量已达到5.44亿吨,集装箱吞吐量完成1 885.8万TEU,位列世界海港第五位和第七位。① 目前,广州港与世界100多个国家和地区的400多个港口有海运往来,航线覆盖五大洲,其生产能力已经达到了世界水平。截至2016年底,广州港共有航线166条,其中外贸航线79条,内贸航线87条。马士基、中远、中海等全球著名的集装箱班轮公司已经进驻南沙。广州港已缔结至少22个国际友好港,与泰国、新加坡等多个"一带一路"沿线国家和地区有紧密往来。可以说,广州港已发展成为华南地区功能最全、规模最大、辐射范围最广的综合性主枢纽港和集装箱干线港,是全球物流链中的重要一环。②

---

① 资料来源于百度百科.
② 刘岘. 借力"一带一路",千年羊城奏响时代华章[N]. 人民日报海外版,2016 – 05 – 05.

2. 陆路运输

中欧班列与南亚班列是通过铁路国际货运的形式将我国商品运抵至21世纪海上丝绸之路沿线国家和地区的一种较新的运输方式。目前,国内中欧班列主要有西、中、东3条运行线路,其中广州大朗启运的"粤满欧"属于东线班列。自2016年8月28日首趟中欧班列开通以来,广州市白云区共发出28列班列,基本实现"一周一列"常态化运作。截至2017年5月,已发运集装箱1 107箱,其中重箱880箱,重箱率为79.4%;发运货物9 606.7吨,货物件数151.7万件,出口申报货值折合人民币8.4亿元。通过中欧班列,"广货"出口欧洲的运输时间,比海运节约25天左右,时效提高了60%,大大节约了与"一带一路"沿线国家和地区的贸易成本和交易时间,竞争优势明显。目前,国内的中欧班列货源50%来源于广东。运行8个月时间里,中欧班列线路已基本实现满载运行,创下了国内中欧班列的新纪录。①

此外,首趟南亚班列于2016年11月在广州市白云区发车,在打通广州与西藏的内陆通道的同时,填补了广州—南亚国际货运班列的空白,成为国内首条贯穿沿海内陆直达尼泊尔、印度等国家的南亚通道。南亚班列大大拓展了我国沿海城市与南亚地区的联系渠道。截至2017年5月,广州的南亚班列已开行11列,发运集装箱242箱,全部为重箱,运载的货物包括通信设备、电器、服装、食物等,总货值约2.91亿元,出口额约2.06亿元,货运总量约6 029吨。②

3. 航空运输

广州白云国际机场是国家定位的三大国际航空枢纽之一,也是国家"一带一路"建设和构建"空中丝绸之路"的两个国际航空枢纽之一。2016年白云机场旅客吞吐量约5 978万人次,货邮吞吐量约165万吨,同比分别增长8.3%和7.3%,均位居全国第三。2016年国际业务增幅势头良好,全年新增、复航国际航线27条,新增客运航点13个;国际航班起降10.1万架次,国际旅客吞吐量达1 358万人次,同比分别增长14.7%、19.5%,多项数据创

---

①② 马喜生,贾红霞,王宣.白云区中欧洲班列实现"一周一列"[N].南方日报,2017 - 05 - 15.

历史新高。目前,广州白云国际机场已开通国际及地区航线149条,每天1 000多个航班通达亚、非、欧、北美和大洋洲五大洲共207个目的地,其中国际及地区航点达85个。①

三、科技合作

广州正打造国际科技创新枢纽,近年来把握"一带一路"发展机遇,开展国际科技合作。通过实施"与乌克兰国家科学院国际科技合作项目共建计划",2013年以来共有17项合作项目获得立项,市政府投入资金7 425万元,带动社会总投入达1.5亿。目前,中国—乌克兰巴顿焊接研究院已建成现代焊接装备与工艺、先进表面技术、先进焊接材料、激光与高能束技术、人体组织焊接技术5个具有国际一流水平的核心技术平台。与此同时,广州开展与俄罗斯、白俄罗斯、新加坡、越南、菲律宾、以色列等"一带一路"沿线国家和地区科技合作项目16项,涉及生物医药、智能制造、新材料等,带动全社会总投入超2 700万元。此外,在生物、新材料、能源、农业等七大领域中的生物安全、生物医药和再生医药、智能电网和可再生能源、土壤污染控制和全球环境履约、海洋探测与监测等8个子领域20项技术,广州已处于国际领跑与并跑水平。②

四、人文合作

"一带一路"倡议不仅推动了经贸领域的长足发展,也促进了沿线国家和地区的人文合作。目前,广州已评选出首批"海上丝绸之路旅游景区(点)",与越南、印度、日本等多个沿线国家和地区签订旅游合作协议,打造"海丝"特色线路,擦亮广州"21世纪海上丝绸之路"旅游品牌。近年大热的南沙邮轮旅游,目前邮轮航线北至日本,南至越南。2016年南沙港区邮轮旅客吞吐量达到32.6万人次,邮轮旅客规模位居全国第三位。2013～2016年,广州城市接待"海丝"国家和地区游客228万人次,广州旅行社组织赴"海丝"国家和地区旅游为263万人次。此外,广州国际友城工作围绕

---

① 资料来源于百度百科.
② 朱伟良,何鹏,陈恩勤. 穗企加快布局"一带一路"[N]. 南方日报,2017 – 05 – 16.

着城市经济建设发展的需要,目前已与全球 33 个国家的 36 个城市建立国际友好城市关系,与 24 个国家的 28 个城市建立友好合作交流城市关系。而海上丝绸之路沿线的重要节点和主要国家,基本都有广州的友好城市。这些"城市朋友",在广州的经济建设中,充分发挥了牵线搭桥及平台载体的作用。①

第四节　广州与 21 世纪海上丝绸之路沿线国家和地区的合作领域与策略②

一、广州与 21 世纪海上丝绸之路沿线国家和地区的合作领域

作为古代海上丝绸之路发源地、改革开放前沿地,广州正以一系列的城市蝶变响应国家建设 21 世纪海上丝绸之路的倡议,并以更为开放、更为国际化的视野,构建更高水平的对外开放格局。21 世纪海上丝绸之路虽然涉及面广、涵盖领域宽、内涵丰富,但其核心还是区域合作,通过传承历史,深耕现实,旨在将发达的欧洲经济圈、增长潜力较大的亚非国家以及充满活力的东亚经济圈紧密联通起来,推动技术、资金、劳动力、能源资源等要素的高效配置,实现共赢发展。

此外,经济外交定位与贸易畅通、道路联通、资金融通、政策沟通、民心相通的"五通"目标决定了 21 世纪海上丝绸之路建设既有经济合作,又有非经济合作。其中,经济合作是基础,非经济合作则是海上丝绸之路的重要特征。为此,21 世纪海上丝绸之路建设是一项巨大而复杂的系统工程,需要广州与沿线国家、城市奋力开拓,积极探索,扎实工作,深入推进八大领域的务实合作。③ 分别是:

---

① 朱伟良,何鹏,陈恩勤. 穗企加快布局"一带一路"[N]. 南方日报,2017 - 05 - 16.
② 本部分的观点与内容主要源于:王义桅,世界是通的:"一带一路"的逻辑[J]. 时事报告(党委中心组学习),2017(5).
王义桅. "一带一路":再造中国,再造世界[J]. 新丝路学刊,2017(2).
③ 范恒山. "一带一路"建设将在海上合作等八大领域取得突破性进展. 中央政府门户网站,2015 - 04 - 15.

促进基础设施互联互通。广州将与沿线各国和地区在交通基础设施、能源基础设施和通信干线网络三个方面加强合作。

提升经贸合作水平。在机械设备、机电产品、高科技产品、能源资源产品、农产品等方面，与沿线各国和地区开展投资与贸易领域的广泛合作。进一步创新贸易方式，不断提高贸易便利化水平。

拓展产业投资合作。广州将鼓励和引导企业到沿线国家和地区投资兴业，合作建设产业园区，设立研发中心，提升产业层次，增加当地就业，壮大企业实力。

深化能源资源生产、运输和加工等多环节合作。加强新能源开发等领域的合作，提升能源资源深加工能力。

拓宽金融合作领域。加强双边政策资金的合作，发挥好社会资金的主力军作用。继续扩大双边本币互换的规模和扩大贸易本币的结算。

密切人文交流合作。扩大人文交流，为深化合作奠定坚实的民意基础；在旅游领域，与沿线国家和地区联合打造国际精品旅游线路和产品。

加强生态环境合作。与沿线国家和地区建立健全有效地对话机制和联动机制，规划实施一批各方共同参与的重大项目，统筹推进区域内生态建设和环境保护。

积极推进海上合作。深化农业渔业、海洋环保、航道安全、海上搜救、防灾减灾等领域的合作。

二、广州与21世纪海上丝绸之路沿线国家和地区的合作策略[①]

1. 促进重要基础设施互联互通

充分发挥区位优势，深化港口、机场、高速公路、高速铁路和信息国际合作，打造国际航运枢纽和国际航空门户，面向沿线国家和地区，构筑联通内外、便捷高效的海陆空综合运输大通道。加强广州港港口建设，结合沿线国家和地区经贸和港口合作需求，联合国内主要港口城市与沿线国家和地区港口城市举办港口城市发展合作论坛，建立沿线港口与物流合作机制。积极参与沿线国家和地区港口园区建设。推动与港澳深度合作，共同打造世界一

---

① 本部分提出的九大策略来源于《广东省参与丝绸之路经济带和21世纪海上丝绸之路建设方案》，广东省人民政府网站，2017–11–01.

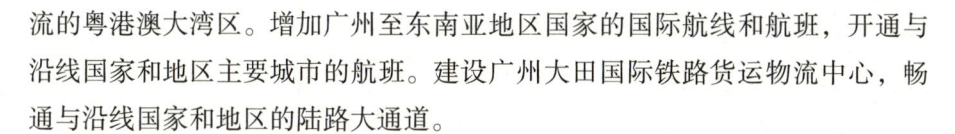

流的粤港澳大湾区。增加广州至东南亚地区国家的国际航线和航班，开通与沿线国家和地区主要城市的航班。建设广州大田国际铁路货运物流中心，畅通与沿线国家和地区的陆路大通道。

2. 加强对外贸易合作

进一步巩固与沿线国家和地区的良好经贸合作基础，建设一批辐射全省乃至全国的进口商品交易中心，扩大沿线国家和地区特色产品进口。赴沿线国家和地区设立建材、酒店用品等广州特色商品展销中心。在沿线国家和地区筹建经贸代表处，设立商会，开展经贸洽谈会。加强与驻外商务机构、商（协）会和经贸代表处的沟通合作。举办21世纪海上丝绸之路国际论坛暨国际博览会，利用广交会、高交会等平台推进经贸合作。

3. 加快投资领域合作

支持企业赴沿线国家和地区投资，在现代农业、先进制造业、现代服务业和跨国经营等方面开展深度合作。努力引导走出去企业实施本地化战略，遵守当地法律法规，尊重当地风俗民情，强化企业环保、公益等社会责任意识，为当地创造更多的就业机会，促进当地经济发展，实现互利共赢。

4. 推进海洋领域合作

积极推进与沿线国家和地区在海洋渔业、防灾减灾、生态保护等方面的合作，开展渔业技术交流与培训，建立海洋污染防治协作机制。促进广州企业到沿线国家和地区开展海上网箱养殖、岸上设施养殖、良种繁育等方面合作。以海水养殖、海洋渔业加工、新能源和可再生能源、海水淡化、海洋生物制药、环保和海上旅游等产业为重点，合作建立一批海洋经济示范区、海洋合作科技园、境外经贸合作区和海洋人才培训基地。

5. 推动能源领域合作

利用资金和技术优势，支持电力合作及太阳能光伏发电项目，与沿线国家和地区开展能源贸易、资源开发、节能环保合作。

6. 拓展金融领域合作

鼓励有条件的市内金融法人机构走出去到沿线国家和地区投资发展，吸引沿线国家和地区金融机构来穗设立机构，支持双方金融机构建立沟通协调机制，开展业务合作。支持在沿线国家和地区投资的广州企业与当地金融机构开展合作，共同发展。

7. 深化旅游领域合作

积极与沿线国家和地区签订旅游合作框架协议、旅游合作备忘录等整体性协议，深化旅游业规划和资源开放、行业监管、公共服务等领域的国际合作。促进更多的广州游客到沿线国家和地区旅游观光，支持广州企业到沿线国家和地区开展旅游投资合作，建设旅游酒店、旅游景区及旅游基础设施。与沿线国家和地区华人商（协）会、大型旅行企业合作，开设广州驻海外旅游合作推广中心。筹划一批跨境丝绸之路主题旅游项目。

8. 密切人文交流合作

加强与沿线国家和地区在文化、科技、教育、医疗、体育等领域的交流合作，增进了解和友谊。与沿线国家和地区共同发掘和保护海上丝绸之路历史文化遗产。积极推动教育合作和学术科研交流，支持青少年交流活动。促进公共卫生领域的信息共享、早期预警体系建设、传染病防治、突发灾难应对等方面的合作。推动政府体育部门和民间体育社团的互访，举办体育交流活动。

9. 健全外事交流机制

强化友城合作，加强与沿线国家和地区的民间交流往来，构建多层次沟通协商机制。通过沿线国家和地区驻穗领馆，加强沟通联络，协调推进互利合作。建立对口部门交流联系机制，促进经济信息交流，积极组织商贸合作活动。

第九章

广州南沙自贸片区建设研究

第一节 自贸区的制度变迁意义：以负面清单为例

一、负面清单与正面清单

自贸区是一系列制度创新的汇集地，具有重大的制度变迁意义。本节以自贸区建设的重要内容——负面清单为例，阐释自贸区推动制度变迁的机理。

负面清单（negative list），是指政府以清单方式明确列出禁止和限制企业投资经营的行业、领域等，清单以外则非禁即入、充分开放，企业只要按法定程序注册登记即可开展投资经营活动。

自 2000 年以后，全球 60% 以上的地区性自由贸易协议放弃了"肯定列表"方式，转向更为透明和开放的"负面清单"方式。目前，国际上已有 70 多个国家采用"准入前国民待遇和负面清单"管理模式。在 2014 年第五轮中美战略与经济对话上，我方同意以"准入前国民待遇和负面清单"为基础与美方进行投资协定谈判。

与负面清单相对应的是正面清单（positive list），即列明了企业可以做什么领域（行业）的投资。在上海自贸区成立以前，我国对外资的管理一直采用的是《外商投资产业指导目录》模式，在这份由国家发展改革委和商务部制定的目录中，列出了我国鼓励、限制、禁止外商进入的行业。所有的外商投资只能在规定的范围内进行。这是一种正面清单的管理方式。①

相比较而言，负面清单可以简化对外资进入的审批管理，同时扩大开放，对于增强外资信心，鼓励、吸引外商投资和港澳台投资都将起到积极作用。

二、我国负面清单的扩展与市场准入制度变迁

我国负面清单首先在上海自贸区落地，然后被福建平潭、四川等地模仿，现在正扩散至全国。负面清单的扩散大，同时也是市场准入范围不断扩大的制度变迁过程。

1. 上海自贸区版负面清单

《中国（上海）自由贸易试验区外商投资准入特别管理措施（负面清单）（2013年）》，是我国第一份负面清单。该清单以外商投资法律法规、《中国（上海）自由贸易试验区总体方案》《外商投资产业指导目录（2011年修订）》等为依据，列明中国（上海）自由贸易试验区内对外商投资项目和设立外商投资企业采取的准入措施。

根据统计，2013版负面清单共涵盖18个门类、1 069个小类，并编制特别管理措施共计190项。上海自贸区2013版负面清单出台后，对于未列入负面清单的外商投资一般项目，最快4天可拿到营业执照，缩短了审批周期；其备案主要由自贸试验区管理部门依托网络完成，简单快捷，极大地提高了投资的便利性。这是我国改革开放迈出的重大步伐，是新时代背景下继续深化对外开放的标志性措施。

2014年7月1日，上海市政府发布修订后的《中国（上海）自由贸易试验区外商投资准入特别管理措施（负面清单）（2014年）》，新版负面清单共139条特别管理措施，较2013版减少了51条，缩短幅度为26.8%。其中实质性取消了14条管理措施，放宽了19条管理措施，进一步开放的比率为17.4%（详见表9-1）。

---

① 张维. 市场准入负面清单2018年推向全国 [N]. 法制日报，2015-10-20.

表9-1　　　　　　　　　2014版上海自贸区负面清单（节选）

部门	领域	序号	特别管理措施	国民经济行业分类代码
J 金融业	J66 货币金融服务、J67 资本市场服务、J68 保险业、J69 其他金融业	105	投资银行业金融机构须符合现行规定	J66
		106	限制投资保险公司（含集团公司，寿险公司外方投资比例不超过50%）、保险中介机构（含保险经纪、代理、公估公司）、保险资产管理公司	J68
		107	限制投资证券公司，外方参股比例不超过49%，初设时业务范围限于股票（包括人民币普通股、外资股）和债券（包括政府债券、公司债券）的承销与保荐、外资股的经纪、债券（包括政府债券、公司债券）的经纪和自营，持续经营2年以上符合相关条件的，可申请扩大业务范围；限制投资证券投资基金管理公司，外方参股比例不超过49%；限制投资证券投资咨询机构，仅限港澳证券公司，参股比例不超过49%；限制投资期货公司，仅限港澳服务提供者，参股比例不超过49%	J67
		108	投资融资租赁公司的外国投资者总资产不得低于500万美元；公司注册资本不低于1 000万美元，高级管理人员应具有相应专业资质和不少于3年从业经验	J69
K 房地产业	K70 房地产业	109	限以项目公司形式投资高档宾馆、高档写字楼、国际会展中心	K701
		110	禁止投资别墅的建设、经营	K701
		111	限以项目公司形式投资房地产二级市场交易	K704
L 租赁和商务服务业	L72 商务服务业	112	投资设立投资性公司，注册资本不得低于3 000万美元，外国投资者应为外国公司、企业或其他经济组织，申请前一年该投资者的资产总额不低于4亿美元，且该投资者在中国境内已设立投资企业，其实缴注册资本超过1 000万美元，或该投资者在中国境内已设立10个以上投资企业，其实缴注册资本超过3 000万美元	L721
		113	限制投资法律咨询，外国律师事务所限以设立代表处的形式提供法律服务	L722
		114	投资会计师事务所须合伙	L723
		115	限制投资市场调查（限于合资、合作）	L723

续表

部门	领域	序号	特别管理措施	国民经济行业分类代码
L 租赁和商务服务业	L72 商务服务业	116	禁止投资社会调查	L723
		117	除允许中国香港、澳门服务提供者设立独资人才中介机构外,其他国家或地区投资者只能设立中外合资人才中介机构,外资比例不超过70%,最低注册资本为12.5万美元,外方投资者应当是从事3年以上人才中介服务的外国公司、企业和其他经济组织	L726
		118	投资从事出境旅游业务的旅行社限合资(不得从事赴台湾地区旅游业务)	L727
		119	投资武装守护押运服务的保安服务公司外方投资比例不得超过49%	L728
		120	限制投资评级服务公司	L729

资料来源:上海自贸区官网,http://www.china-shftz.gov.cn

2014版负面清单的特点:一是按照国际规则和国际惯例,表达得更加国际化,更加清晰,更加透明;二是与服务业的开放有机地结合,保持一致性;三是开放度进一步扩大。

2. 福建平潭版负面清单

2014年5月31日,总共包含14个行业门类、99条特别管理措施的《平潭综合实验区外商投资准入特别管理措施(负面清单)》正式实施。这是自上海自贸区以后国内的第二份外商投资"负面清单",是一种"非列入即开放"的"宽进"模式,包括15个行业门类,共106条(详见表9-2)。

表9-2 《平潭综合实验区外商投资准入特别管理措施(负面清单)》(节选)

F、批发和零售业	F51 批发业	F511 农、林、牧产品批发	限制投资粮食收购,限制投资粮食、棉花的批发、配送(涉及配额许可,需取得发改部门的核准)
		F512 食品、饮料及烟草制品批发	1. 限制投资植物油、食糖、烟草的批发、配送 2. 禁止投资盐的批发
	F52 零售业	F514 文化、体育用品及器材批发	除中国台湾、香港和澳门服务提供者可以独资、合资、合作形式提供音像制品(含后电影产品)分销外,限制其他国家或地区投资者投资音像制品(除电影外)的分销(限于合作)

续表

F、批发和零售业	F52 零售业	F516 矿产品、建材及化工产品批发	限制投资原油、化肥、农药、农膜、成品油（含保税油）的批发、配送（涉及配额许可，需取得发改部门的核准）
		F518 贸易经纪与代理	禁止投资文物拍卖
		F521 综合零售 F522 食品、饮料及烟草制品专门零售	限制投资粮食、植物油、食糖、烟草、棉花、原油、农药、农膜、化肥的零售、配送（设立超过30家分店、销售来自多个供应商的不同种类和品牌商品的连锁店由中方控股）（涉及配额许可，需取得发改部门的核准）
		F524 文化、体育用品及器材专门零售	1. 除同中国台湾、香港和澳门服务提供者投资图书、报纸、期刊连锁经营外，其他国家或地区投资者投资图书、报纸、期刊连锁经营，连锁门店超过30家的，不允许控股 2. 除中国台湾、香港和澳门服务提供者可以独资、合资、合作形式提供音像制品（含后电影产品）分销外，限制其他国家或地区投资者投资音像制品（除电影外）的分销（限于合作） 3. 禁止投资文物商店（除中国台湾外）
		F526 汽车、摩托车、燃料及零配件专门零售	限制投资加油站（同一外国投资者设立超过30家分店、销售来自多个供应商的不同种类和品牌成品油的连锁加油站，由中方控股）建设、经营

资料来源：福建自贸区官网，http://www.china-fjftz.gov.cn

3. 四川版负面清单

2014年，成都充分发挥国家综合配套改革试验区先行先试的有利条件，在全国副省级城市率先开启了"负面清单"管理模式改革。3个试点区：天府新区成都片区、成都高新区、龙泉驿区（经开区）公开发布了各自的第一份"负面清单"，共涉及外商投资、企业投资、区域发展、环境保护等四大领域。

天府新区成都片区制定的"外商投资准入负面清单"共120项，包括禁止投资类41项、限制投资类79项；成都高新区的"负面清单"则结合高新区产业发展定位和要求进行梳理，突出高新区区域特色，其"外商投资准入负面清单"为69条；龙泉驿区（经开区）的外商投资准入负面清单共涉及16个行业、44个领域、157项。

与上海和平潭负面清单只针对外资不一样，四川还同时出台了对内资的负面清单，扩大对民企的市场开放。

4. 自贸区统一的负面清单

2015年4月，国务院发布中国四大自贸区负面清单，《自由贸易试验区外商投资准入特别管理措施（负面清单）》，统一适用于上海、广东、天津、福建四个自由贸易试验区。

《自贸试验区负面清单》依据《国民经济行业分类》（GB/T4754—2011）划分为15个门类、50个条目、122项特别管理措施。从原来28.78平方千米的上海自贸区，到现在超过460平方千米的上海、广东、福建、天津四大自贸区，负面清单改革试点的空间范围大幅拓展。

其中，从条款数量看，负面清单内容从2014版的139条减少为122条。从内容上来看，2015版负面清单的透明度和开放度以及完整性都有所提高，显示出中国外商投资负面清单管理模式在不断深化和完善。比较发现，农副产品加工业、酒类、烟草、印刷、文教、体育和文化用品等一般制造业领域完全放开，只是在航空、船舶、汽车、轨道交通、通信设备、矿产冶炼、医药制造等关系国计民生的重点制造业领域对外资有所限制。

5. 全国统一的负面清单建设情况

2015年底，国务院发布《国务院关于实行市场准入负面清单制度的意见》（简称《意见》）。《意见》指出，负面清单主要包括市场准入负面清单和外商投资负面清单。市场准入负面清单是适用于境内外投资者的一致性管理措施，是对各类市场主体市场准入管理的统一要求；外商投资负面清单适用于境外投资者在华投资经营行为，是针对外商投资准入的特别管理措施。市场准入负面清单以外的行业、领域、业务等，各类市场主体皆可依法平等进入。

按照先行先试、逐步推开的原则，从2015年12月1日至2017年12月31日，在部分地区试行市场准入负面清单制度，积累经验、逐步完善，探索形成全国统一的市场准入负面清单及相应的体制机制，从2018年起正式实行全国统一的市场准入负面清单制度。

《意见》指出，对市场准入负面清单以外的行业、领域、业务等，各类市场主体皆可依法平等进入，政府不再审批。对应该放给企业的权力要松开手、放到位，做到市场准入负面清单以外的事项由市场主体依法自主决定。对属于市场准入负面清单的事项，可以区分不同情况探索实行承诺式准入等方式，进一步强化落实告知性备案、准入信息公示等配套措施。承诺式准入，是指各类市场主体承诺履行法定义务、承担社会责任、践行社会诚信并向有关部门提交书面承诺书后,即可准入;告知性备案,是指各类市场主体投资经营行为发生后,需向有关部门履行告知性备案义务;准入信息公示,是指各类市场主体要依法履行《企业信息公示暂行条例》规定的义务。

通过以上分析,我们可以清晰地看到:随着负面清单的不断完善,市场准入限制从大到小、市场准入领域由少至多、市场准入主体由外企至民企的演化过程。显示负面清单的确是市场准入体制变迁的重大推动力量。

第二节　南沙自贸片区开放型经济体制建设概况

一、南沙自贸区概况

南沙处于珠三角地区的中心,地缘优势是得天独厚的,如图9-1所示。1993年7月,广州南沙经济技术开发区挂牌成立。2012年,国务院正式批复《广州南沙新区发展规划》,南沙成为国家级新区。近年来,南沙新区港口物流、商业服务、先进制造、科技智能和休闲旅游等产业渐成规模。2015年,南沙自贸片区正式挂牌。

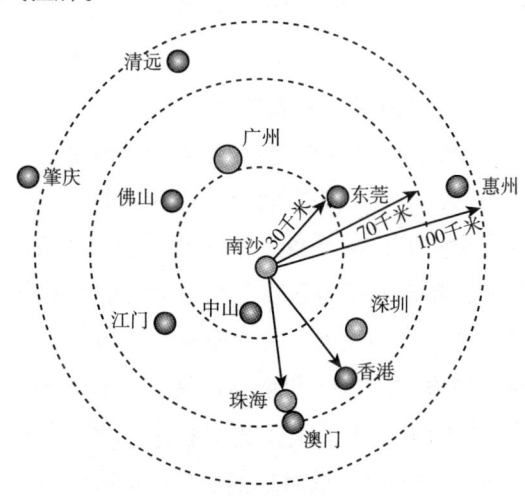

图9-1　南沙在珠三角中的区位

资料来源:南沙自贸片区官网,http://ftz.gzns.gov.cn

根据《中国（广东）自由贸易实验区广州南沙新区片区建设实施方案》，南沙自贸片区的战略定位为重点发展航运物流、特色金融、国际商贸、高端制造等产业，建设以生产性服务业为主导的现代产业新高地和具有世界先进水平的综合服务枢纽，构建引领广州乃至广东产业发展的现代产业体系，形成与国际投资贸易通行规则相衔接的基本制度框架，打造广东省对外开放重大平台。

南沙自贸片区发展的总体目标是：力争经过三至五年的改革试验，建立起高水平开放型经济新体制，逐步建成符合国际高标准的法制环境规范、投资贸易便利、辐射带动功能突出、监管安全高效的自由贸易试验区，为全面推动珠江三角洲转型发展、构建我国开放型经济新格局发挥更大作用。

南沙自贸区设立以来，各项事业蓬勃发展。2015年全年GDP增速超过40%；实现外贸进出口总值1 526亿元，同比增长18.2%，拉动广州外贸增长2.9个百分点。新设企业超过5.6万家，注册资本10亿元以上项目超过200个；固定资产投资超1 000亿元，税收收入超500亿元。从挂牌到2016年2月底，自贸试验区吸引合同外资1 865亿元，占全省同期总额的51%。引进12家企业总部或区域、海外总部入驻自贸试验区。

在基础设施方面。如图9-2所示，2015年以来，南沙港区三期快速推进，地铁4号线南延段全面开工，虎门二桥、广中江高速、南沙港铁路、邮轮母港等项目有序推进；南沙的明珠湾起步区建设全面铺开，总投资586亿元的重点项目加快推进；蕉门河城市中心区建设加快推进，总投资400亿元的41个市政基础设施、商贸服务项目进展顺利；城市中心广场、高端商务酒店等项目已渐成雏形，160万平方米总部经济集聚区主体工程已启动。

在临港先进制造业方面。已形成船舶及海洋工程装备、港航物流、电子信息、精细化工、精品钢以及以核电装备、高压输变电设备、盾构机、数控机床、园林机械等为重点的机械装备制造基地，全区装备制造业产值过千亿元。造船业实力雄厚，年造船能力300万吨，单船生产能力30万吨的中船龙穴造船基地项目已投产，成为我国三大造船基地之一。

国际航运物流枢纽方面。2015年南沙港区货物吞吐量2.3亿吨，集装箱吞吐1 100万标箱，是国家确定的整车进口口岸，汽车年装卸量达48万辆。全球航运界"巨无霸"中远海运散货总部落户南沙。南沙"智慧口岸"品牌效应形成，其中14项属全国首创，通关效率提高50%以上；2016年一年获批的航运物流企业是自贸区挂牌以前总数的3倍。全力打造国际航运中心与

21 世纪海上丝绸之路枢纽港，开辟了通往美洲、欧洲、非洲、东南亚等地 49 条国际集装箱班轮航线。

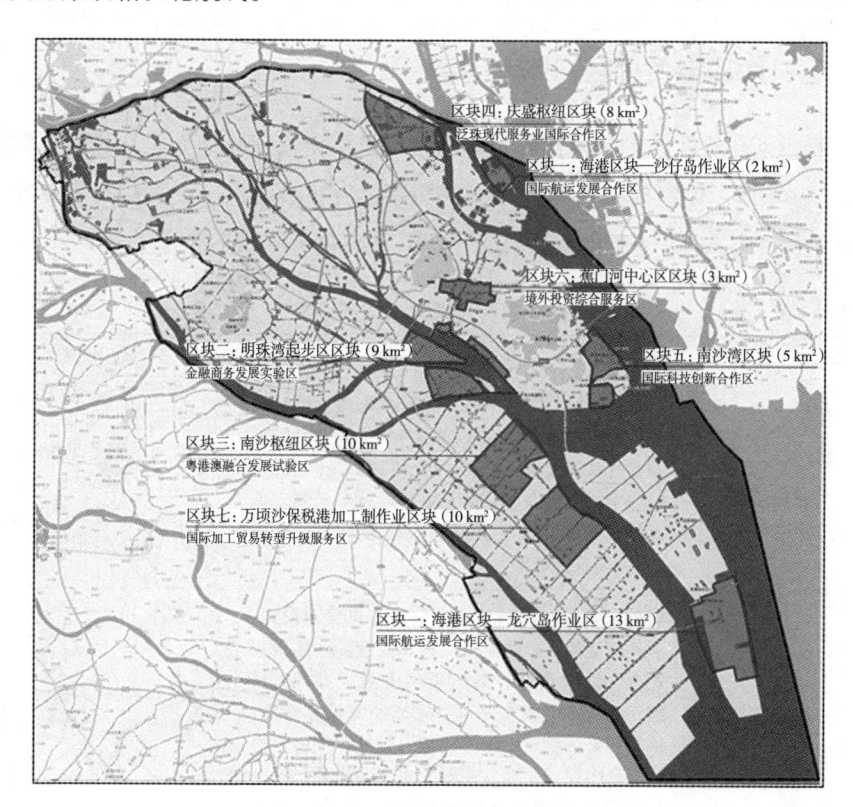

图 9-2　南沙自贸片区区块

资料来源：南沙自贸片区官网，http://ftz.gzns.gov.cn

科技创新方面。已建成香港科技大学霍英东研究院、中科院"一院五所"、教育部现代产业技术研究院等公共创新服务平台；微软广州云暨移动应用孵化平台确定选址南沙。

招商引资方面。成立以来，南沙吸引了 74 个世界 500 强企业投资项目和 103 家总部型企业落户；近千家港澳投资企业落户南沙；已落户的企业包括中铁建、中石油、中石化、工商银行、英国石油、丹麦马士基、日本三菱、丰田等知名企业。

在新业态方面。汽车平行进口、跨境电商等实现快速发展，2015 年南沙跨境电商批次、货值同比增长超过 130 倍和 60 倍，唯品会、京东、天猫等

700 多家电商相继落户。截至 2016 年 4 月，南沙金融机构总数达到 1 090 家，13 家商业银行在自贸区分别建立了分（支）行。

二、南沙自贸片区的体制创新

挂牌两年来，南沙积极探索建立与国际投资贸易通行规则相衔接的体制机制，239 项改革创新成果落地生根，为国家、省、市提供了一大批可复制推广的新经验，其中 13 项在全国复制推广，56 项在全省复制推广（见表 9-3）。

表 9-3　　　　　　　　　　南沙自贸片区体制创新成果

序号	名称	内容	效果
1	推进行政审批制度改革	广州市向南沙下放 58 项市一级管理权限；取消行政审批事项 67 项、备案 43 项，决定转移、调整行政审批事项 15 项、备案 7 项；市场准入前置审批事项由 101 项压减为 12 项。正制定审批清单，优化调整各类审批流程，争取试行"一颗印章管审批"	行政审批事项删减 37.6%，审批时间压缩了 50% 以上；探索推行行政审批"零收费"，依托企业办事全流程在线办理落实"零跑动"
2	全面实施负面清单管理制度	对外资和内资项目均实施负面清单管理模式，对负面清单以外的项目（企业）统一实施备案管理，投资项目备案实现网上全程办理。目前，已有 170 家外资企业完成外商投资备案，涉及贸易、投资、融资租赁、物流、生物、科技等众多领域，涉及注册资本 155 亿元；已办理 72 个内资投资项目备案，涉及投资总额超 188 亿元	90% 以上的外资项目实现了备案管理，并实行备案文件自动获取制
3	深化商事登记制度改革	建立了企业登记"一口受理"政务系统和并联审批机制，"一照一码"改革在全国率先拓展至工商、质监、国税、地税、海关、社保、统计、商务 8 个部门。开展企业集群注册，放宽"一址多照"和"一照多址"限制，将企业设立登记代办服务延伸至银行网点。在全省发出首张地税电子税务登记证，国地税 67 项业务实现"一窗化"办理	率先在区内实施"多证合一、一照一码"登记制度改革，绝大部分企业注册登记 1 天内可办结；向 2.3 万户企业核发了电子营业执照
4	加快国际贸易"单一窗口"建设	南沙口岸作为全市首批试点，已上线试运行货物进出口申报、运输工具申报、跨境贸易电子商务、信息查询等 4 个子系统，并与南沙自贸试验区官网、一口受理大厅实现联结，企业登录官网即可办理报关、报检等业务	海关、检验检疫实现部分报关报检业务"全城通办"

续表

序号	名称	内容	效果
5	率先启动"互联网+易通关"改革	推动"智慧自贸试验区"建设,自贸试验区电子政务系统已进驻省网上办事大厅,初步建成企业专属网页通用版;将海关监管流程与互联网结合起来,逐步建设通关全流程的"线上海关";企业通过互联网,可随时随地便捷自助办理报关、查验、缴税等各项通关业务	企业所有涉税事项实现网上办理。企业可通过互联网进行自助报关、提前归类审价、互动查验、自助缴税,实现重要通关环节"零跑动""零耗时"
6	实施海关快速验放机制	依托FS6000、海港智能化管理系统等科技设备,再造南沙港监管查验流程,创设"提前申报、随机布控、货到验放"模式,对需要查验的货物优先实施快速机检,不需查验的货物即卸即放、直接通行	使海关查验作业时间由原来的平均2小时减少为不到10分钟,海关通关时效提高50%以上
7	实施国际转运货物自助通关新模式	通过海关管理系统与南沙新港码头作业数据即时交换,实现24小时全天候自助通关	货物转驳时间缩短为3~5小时,卸船理货报告生成时间大幅减少到5分钟左右,显著提高企业通关效率
8	在全国率先开展"智检口岸"试点	建立并整合对外公共服务平台和对内业务监管系统,创新事前备案、事中采信、事后追溯的检验检疫工作新模式,实现24小时互联网"六零申报"。同时,在全国率先推出跨境电商质量溯源查询平台,有力促进跨境电商等新业态发展	检验检疫查验率降低90%;打造智能化通关体系,实现企业报关报检"零纸张、零距离、零障碍、零门槛、零费用、零时限"的"六零申报"
9	启动"以政府采购形式支付查验服务费用"试点	对查验没有问题的货物,相关费用由查验服务单位先行垫支,地方财政事后据实支付,有效降低企业经营成本。改革还促进形成"政府—海关—查验服务单位"三方配合机制,营造自贸区公平快捷的通关环境,规范进出口秩序	该项改革试点推广至广东省各口岸现场。截至2015年12月31日,广州海关共为查验没有问题的货物免除吊装、移位、仓储费用813万元,惠及企业6 364家
10	粤港跨境货栈	将香港空运货站货物的收发点延伸至南沙,实现香港机场与南沙保税港区物流园区一站式空、陆联运。在"粤港跨境货栈"模式下,海关叠加"粤港两地海关监管互认""跨境快速通关""智能化卡口验放"等便利措施,货物运抵香港机场后,可以直接装车安排转运至南沙保税港区,最大程度降低仓储和物流成本,提高运输效率	涉证类货物需在香港等待最少2~3天才能安排转运缩短至当天转运

续表

序号	名称	内容	效果
11	积极推进其他各类政策创新	金融创新：支持融资租赁业务创新，赋予人民币跨境使用、大宗商品交易、外币离岸结算、金融机构准入等15条政策 海关监管创新：赋予先入区后报关、选择性征税、保税展示交易、境内外维修、分送集报、自主集中缴付税等19条政策 检验检疫监管创新：赋予无纸化通关、区内流转免检、第三方检验结果采信、产品溯源管理等21条政策	取得显著效果

资料来源：南沙自贸片区官网，http://ftz.gzns.gov.cn

第三节 南沙自贸片区的发展策略分析

南沙如何形成特色，如何与上海、天津、福建等国内自贸试验区形成区隔？可以从以下方面入手。

一、新效能：自贸区争创行政效能"特区速度"

不断提高职能部门工作效率，一直是企业的诉求之一。在原广东省商务厅一项"外贸企业转型升级对策"课题调查（2012）中，外资/外贸企业对于提高职能部门（工商、海关、税务等）工作效率的诉求，依据里克特五分法，选择完全符合者占66.67%，有点符合者占20.16%，两者合计86.83%，如图9-3所示。

因此，需要进一步深化行政管理体制改革，在自贸区切实提高行政效能。2015年1月，国务院总理李克强前往广州市南沙新区，考察广东自贸试验区规划、筹备等情况，寄望广东自贸区争创行政效能"特区速度"。总理表示，"时间就是金钱"最早就是从广东喊出来的，自贸区要做的就是简化审批流程、激发市场活力、争创行政效能"特区速度"。

具体说来，需要采取各种措施，简化审批程序或改为注册制，提高办事效率；优化政府管理体制和政府运作程序，提高法规政策的透明度，增强服务意识；继续推进以信息化推动分类通关改革，提高进出口货物通关效率；

加快推进报关无纸化、"提前申报"和"集中申报"预约通关等便利措施，进一步推进通关便利化。

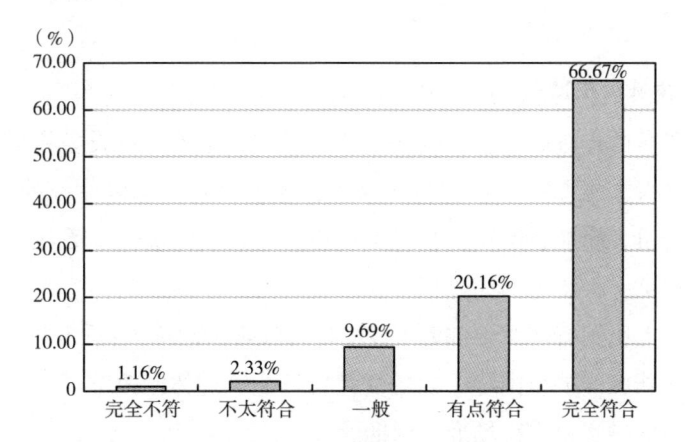

图9-3 外资/外贸企业对"我公司希望政府提高职能部门工作效率"的选择

二、新业态：形成南沙产业新优势新特色

1. 做大做强跨境电商

跨境电商是南沙一个极佳的着力点。据商务部统计，作为全国第一外贸大省，广东跨境电子商务交易额占全国交易总额的七成。作为跨境电商试点城市，广州跨境电商出口占全国16个试点城市出口的六成以上。2016年，南沙跨境电商进出口总值达36.9亿元，同比增长1.3倍。南沙完全有条件、有能力打造中国跨境电商之都，抢占新型贸易战略制高点。具体对策可以包括：

建设领先全国的跨境电商产业集群。对标国际先进创新区域，促进跨境电商上下游企业/产业在南沙集聚，支持基于互联网的各类贸易创新。重点引进一批跨境电商总部企业，培育一批本土跨境电商领军企业，带动跨境电商企业集聚集群发展。发展各种形式的跨境电商孵化基地，完善配套服务设施，营造创新发展良好环境。

给予多项扶助政策。从建立电子商务出口海关监管模式、出口检验、支持企业正常收结汇、鼓励银行和支付机构为跨境电商提供支付服务、电商出口退税、建立电商出口信用体系等方面给予跨境电商支持，加快推进跨境电商公共平台建设，促进跨境电商在自贸区的大聚集、大发展，把南沙跨境电商的优势进一步巩固扩大。

设立跨境电商展示销售中心。在南沙片区,设立各有特色的跨境电商展示销售中心(如与"一带一路"国家和地区合作的主题展示销售中心等),争取在全国做出知名度。

2. 发展融资租赁[①]

依托坚实的先进制造业尤其是造船业基础,南沙开展设备租赁、船舶融资租赁具有得天独厚的产业支持。未来,随着自贸试验区建设的不断推进,南沙将在飞机、船舶、海洋工程等大型设备租赁、海关异地委托监管等方面展开先行先试。

近期,人民银行牵头十部委下发支持南沙金融改革创新15条,其中明确支持在南沙新区开展全国统一的融资租赁行业管理体制改革试点,研究制定内外资统一的融资租赁市场准入标准。

3. 发展金融服务贸易

南沙正在探索的金融开放、金融创新政策包括:建立资金跨境流动管理机制,探索离岸在岸清算结算的规则标准、跨境资金监督管理体制。配合自贸区在人民币跨境使用、资本项目可兑换等方面先行先试,探索南沙与境外资金可流动可兑换。争取在区内银行开设本外币自由贸易账户并设立分账核算单元,摸索实行本外币账户管理新模式。[②]

人民银行和国家外管局,已批准南沙成为外商投资企业外汇资本金结汇管理方式改革首批试点地区。南沙片区正在加快金融交易中心、资产交易中心、电力交易中心、融资租赁交易平台建设,支持广州股权交易中心、碳排放权交易所、广州航运交易所建设,设立创新型期货交易所,建设商品清算中心。此外,南沙片区还大力培育互联网金融、境外股权投资、产业金融、消费金融等新业态。[③]

4. 发展离岸贸易

广州要提升其作为国际贸易中心的功能还需发展离岸贸易。香港离岸贸易比例很高,而南沙的离岸贸易才刚刚起步,如果能达到香港高度,国际贸

---

① 黄少宏. 建设华南融资租赁产业新高地 [N]. 南方日报, 2013 – 03 – 26.
② 耿旭静. 广州未来头号工程 [N]. 广州日报, 2015 – 02 – 25.
③ 孙韶华. 开放型经济新体制建设全面提速 [N]. 经济参考报, 2017 – 07 – 27.

易中心的地位将不言而喻。

5. 发展大宗商品交易

加快建设石油、化工、塑料、粮食、钢铁、木材等大宗商品交易平台；建设大宗商品交易基地和综合能源交易中心；发布大宗商品交易价格指数，提高市场影响力。

三、新都会：建设面向"港、台、内、外"的创业之都

根据演化经济学理论，高能耗、高污染、低附加值、低产出的一些企业被淘汰；通过创业不断产生、涌现新的企业/业态/产业，是非常正常的新陈代谢现象。新的成功创业群体往往在战略视野、知识结构、技术水平等方面比被淘汰者要高，这样以增量补存量，通过不断的演替，产业结构可以渐次的实现升级和高端化。

各省市自贸区已有政策大都更集中于关注存量（引进固有资本，引资），而较少关注增量（创业），认为增量规模小，成功与否难以确定。但事实上，在当前网络化背景下，借助资本市场，新型企业可以在极短时间（3~5年）内即成长为巨人，YouTube、Google、阿里巴巴、腾讯等，莫不如此。

因此，出台系统的创业促进政策，在南沙自贸片区内建设面向"港、台、内、外"、面向世界的创业之都，吸引全球万商云集，不仅可以带来将来的景气，也可带来当下的经济繁荣。未来的巨人企业、粤商跨国公司，也可望从这些创业个体中产生。

四、新品质：提高自贸片区及周边地区的宜居性

1. 遏制周边房价上涨

南沙片区挂牌前后，自贸区及周边房地产价格就开始飙升。现在，南沙自贸区房价约为2万元/平方米，设区至今两年间，南沙房价已上涨一倍。

房价飙涨危害甚多。其一，大幅提高企业办公场所租赁、运营成本，恶化营商环境；其二，大幅提升员工租房、生活、购房成本，降低区域宜居性；其三，透支政策红利，使政府政策设计初衷几乎落空——本为企业预留的政策红利，多被地产商和投机者拿走；其四，助长经济泡沫。统计显示，深圳前海部分楼盘投机需求占比超过70%。房地产投机不会创造财富，投机盛行

会让自贸区周边地产泡沫化，严重时会危及经济运行。

在世界自贸区发展史上，各国都竭力追求平抑房价，降低企业的运营成本，创造宜居宜业的环境，没有以房地产价格高企为特色的。例如，当前爱尔兰香农自贸区附近的平均房价为 220 000 欧元/套（约 154 万元人民币），租赁成本也较低，四间卧室的独立房租赁成本为 800~950 欧元/每月（约 5 600~6 500元人民币）。而爱尔兰的人均收入是我国城市居民收入的 5~8 倍。

因此，遏制自贸区周边房价上涨，是推动、实现自贸区长期、持续、稳定发展的重要因素。

2. 增强自贸区城市服务功能

南沙片区属于城市型自贸区，规模较大，但与城市主城区相脱离，独立成片。在设计中，自贸区商务功能突出、完备，但对生活功能兼顾不多。在现实中，生活、休闲、娱乐设施和场所供给不足。许多员工宁可每天在主城区—自贸区两地往返，也不愿在片区及周边连续留宿、长期居住。

这样，在交通上造成片区和城区出现潮汐式震荡，早晚高峰时严重拥堵；在生活上，员工通勤时间及成本极高，身心疲惫；在心态上，不利于员工长期、稳定地在自贸区就业。综合来看，会影响企业及自贸区的长远发展。

因此，适度增强自贸区及周边地区的城市服务功能就显得尤为必要。例如增加住房、学校、医疗机构以及影院等娱乐设施、超市/菜场等生活设施的供给等。

五、新规则：建设国际经济新规则对接基地

在已经取得的制度创新——国民待遇、负面清单、行政权责清单等的基础上，继续在电子商务、竞争法、知识产权、环保规则、劳工标准等领域，出台新的制度规则。重点研究借鉴 TTIP（跨大西洋贸易和投资伙伴关系协定）规则和 TISA（国际服务贸易协定），将其部分条款（如涉及跨境电商、信息技术等领域的条款）在南沙落地。既为企业更好地提供服务，也为国家在 RECP（区域全面经济伙伴关系）谈判、应对 TTIP 规则挑战等方面提供压力测试。

试行"准入前国民待遇+负面清单"管理模式，对外商投资负面清单以外的领域由审批制改为备案制，需办理外资设立的投资者可登录自贸试验区一口受理平台，在线填报和提交备案申报表，实现对投资企业备案事项的网

上全程办理。推出放宽新注册企业场所登记条件限制的集群注册改革,降低企业准入门槛。自贸区成立以来,全区通过集群注册地址注册企业数累计超过10 000家。

六、新合作：建设对港澳服务贸易自由化先行基地

《中国(广东)自由贸易试验区总体方案》要求："广东自贸试验区将促进内地与港澳经济深度融合,深入推进粤港澳服务贸易自由化,强化粤港澳国际贸易功能集成,探索构建粤港澳金融合作新体制。"

南沙需要加快建设广州南沙粤港澳全面合作示范区,探索吸引港澳资本合作开发的新模式。2014年,广东与港澳签署了关于基本实现服务贸易自由化的协议。建议将南沙作为服务贸易自由化的先行基地,除国家保留的战略产业外,率先在园区内取消港资准入壁垒,宣布实现对港(澳)服务贸易自由化,凸显穗港合作新高度。

七、新动力：让创新成为自贸区发展的不竭动力

南沙自贸片区在科技创新方面已经取得一定成果。例如,香港科大霍英东研究院在南沙设立了4个研发部和16个研发中心,已承担973、863、国家自然科学基金和商业合作项目近400项,被国家科技部认定为"国际科技合作基地"。

未来,可从加速科技人才的落户和生活支持、加速高科技专利的认定、实现金融产品与技术贸易的创新结合、推动技术贸易的进出口、扩大研发费用加计扣除范围和高新技术企业认定范围、对高新技术企业实施更为优惠的加速折旧减税、对股权激励和技术入股实施递延纳税等方面进一步促进南沙科技创新。

第十章

粤港澳大湾区与广州对外开放

第一节 粤港澳大湾区的构成与内涵

一、粤港澳大湾区的构成

粤港澳大湾区一般指由珠江三角洲城市群（包括广州、深圳、珠海、佛山、东莞、中山、江门、肇庆、惠州等9个城市，以及汕尾、清远、云浮、河源、韶关5个城市，一共14个城市所形成的珠三角城市群）和香港、澳门两个特别行政区形成的城市群。

2017年3月李克强总理的政府工作报告指出，加快粤港澳大湾区城市群的发展，扩大对外开放，深化粤港澳深度合作；推动粤港澳大湾区成为粤港澳专业服务集聚区、港澳科技成果产业化平台和人才合作示范区，引领区域开放合作模式创新与发展动能转换。

穗港澳三市基本情况如表10-1所示。

表10-1　　　　　　2016年穗港澳三市基本情况

城市	广州	香港	澳门
人口（万人）	1 404	733	65
面积（平方千米）	7 434	1 104	32
GDP（亿元）	19 547	21 401	3 044
进出口总额（亿元）	8 541	65 316	777

续表

城市	广州	香港	澳门
人均 GDP（元）	141 933	291 707	471 800
人均收入（元）	88 136	159 923	442 003

资料来源：《2017 年广东统计年鉴》《2017 年广州统计年鉴》、香港特别行政区统计处网站、澳门、澳门统计暨普查局网站。

二、CEPA 与粤港澳合作机制

2003 年 6 月，中央政府与香港特别行政区政府签署了内地与香港《关于建立更紧密经贸关系的安排》（简称为 CEPA1），并于 2004 年元旦起正式实施。CEPA 协议在内地与香港经贸发展史上具有里程碑意义，是"一国两制"方针的成功实践，它向世人表明香港在祖国经济贸易格局中的独特地位。此后又分别签署了十个补充协议（分别简称为 CEPA2，…，CEPA11），尤其是《CEPA 补充协议 10》（2013 年 8 月），《补充协议 10》是自 2003 年 CEPA 签署以来，涵盖最多措施的补充协议，包括 65 项服务贸易开放措施、2 项加强两地金融合作措施与 6 项便利贸易投资措施，涉及法律、银行、基金、建筑、房地产、医疗、视听、人员提供与安排、建筑物清洁、摄影等 28 个领域，部分措施开放力度较大。

2008 年以来，国务院先后批准实施的《珠江三角洲地区改革发展规划纲要（2008—2020 年）》和《粤港、粤澳合作框架协议》，在粤港澳合作政策上进一步取得新突破。2013 年 3 月广东省政府出台《关于加快发展服务贸易的意见》（简称《意见》）。根据《意见》，广东将积极推进粤港澳金融服务贸易发展，深化粤港澳商贸服务业合作；促进粤港澳专业服务业合作，提高粤港澳科技文化服务合作水平；加强粤港澳社会公共服务合作，打造粤港澳现代航运服务聚集区。

CEPA 的实施及各项合作政策的出台，对于港澳与广东经济的交融，起到了重要的推动作用。2004 年广东实际利用香港直接投资 50.12 亿美元，占全省直接利用外资港澳合资的 50.06%；2016 年广东实际利用港资达 174.19 亿美元，占广东实际利用外资港澳合资的 74.60%。可见 CEPA 的实施对港商投资广东起到了比较显著的促进作用。详见表 10 - 2。

表 10 - 2   2004~2016 年港资来粤直接投资情况

年份	港资实际投资额（亿美元）	全省实际利用外资额（亿美元）	占全省比重（%）
2004	50.12	100.12	50.06
2005	58.24	123.64	47.10
2006	68.09	145.11	46.92
2007	83.03	171.26	48.48
2008	105.44	191.67	55.01
2009	118.77	195.35	60.80
2010	129.17	202.61	63.75
2011	140.30	217.98	64.37
2012	147.85	235.49	62.81
2013	161.99	249.52	64.92
2014	171.40	268.71	63.78
2015	204.79	268.75	76.20
2016	174.19	233.49	74.60
合计	1 613.38	2 603.70	61.96

资料来源：历年《广东统计年鉴》。

2004 年广东对香港进出口额 745.25 亿美元，占当年广东省进出口总额的 20.87%。2016 年广东与香港进出口贸易额为 1 856.82 亿美元，为 2004 年的 2.49 倍，占 2016 年广东总进出口额的 19.44%；其中进口额比 2004 年略低。

实践证明，CEPA 不仅能给港澳经济转型带来新的机遇，也能让广东诸多领域享受到对港澳扩大开放带来的好处，有利于粤港澳三地竞争力的提高。

第二节　粤港澳大湾区融合发展的体制障碍因素

在 CEPA 框架内实施粤港澳经济合作的过程中也暴露出一些问题，经济合作面临的体制性障碍和制约因素主要表现在以下几个方面。

一、粤港澳之间缺乏实质性的跨区域协调机制

目前，粤港澳合作协调机制虽多，但一直缺乏实质性的、高效的、多层面的协调机制。香港与内地大型跨界项目协调委员会以及粤港、粤澳联席会议等双边高层联席会议已经建立，但这些协调机制远不能满足 CEPA 实施后三地经贸合作快速发展的客观要求。大湾区缺少全面的常设协调机构和中央政府授权的区域性协调合作机关，这使得三地经济合作中所遇到的一些具体问题不能得到有效的解决。①

二、粤港澳经济体制对接障碍

粤港澳实施"一国两制"。港澳是实施资本主义制度的特别行政区，其对经济事务采取的是"不干预"的政策；内地是社会主义市场经济体制，一定程度上加大了粤港澳经济协作发展的难度。

粤港澳管理体制对接也存在障碍。例如，目前内地服务贸易处于多头管理局面，国家商务部门是服务贸易的政府主管部门，但海关、外汇、统计、税务、旅游等管理部门也对服务贸易承担各自的管理职能。这样，粤港服务贸易合作必然涉及香港与内地多个部门之间的沟通、协调，成本较高。

到目前为止，粤港澳三地尚未建立一套相互配合、一致连贯的政策法规体系。如贸易投资政策、保护知识产权保护体系、竞争政策等，更没有强制各方实施的法律体系保障。

三、粤港澳政策配套措施和实施细则滞后

粤港澳三方对 CEPA 进行了大力宣传，但不少企业和政府部门仍然不能完全了解 CEPA 的内容，尤其是在不断推出的补充协议扩展了 CEPA 内容的情况下，更增加了把握难度。且 CEPA 只是解决了大制度框架下的障碍，因而在实施中会遇到规则对接的协调。

---

① 2018 年 8 月成立了粤港澳大湾区建设领导小组，中央政治局常委、国务院副总理韩正任组长。因本书撰写时间节点为 2017 年，所以没有将此事件纳入本书内容范围。

例如在建筑施工领域,虽然 CEPA 允许港澳公司在内地投资的建筑企业承揽双方合营建设项目,不受项目的双方投资比例限制,但根据境外资金投资建筑业管理企业的相关规定,港澳企业仍不能承包全部由内地资金投资的项目。与此同时,广东企业投资香港也存在许多问题。如国内工程资质与港澳地区工程资质不能相互认证——目前香港实行投标牌照制度,实际也是一种资质认定,但广东省企业不享受对等资质认证。

四、粤港澳区域内生产要素不能完全自由流动

区域经济一体化发展的过程一般都是从产品的自由流动到生产要素的自由流动,对于服务业来说,生产要素的自由流动更加重要。在目前"一国两制"的模式下,虽然近年来开通了港澳"个人自由行"和实现人民币在港澳可自由兑换,但粤港澳之间生产要素仍然没有实现完全自由流动。如内地居民去港澳地区需要办理港澳通行证,与办理出国手续差不多;港澳地区居民到内地也要办理相应的证件,增加了三地居民来往的成本和难度;对于内地居民到香港地区定居或者就业,更是难上加难。此外,由于我国目前对资本账目下的外汇流动还属于管制状态,资本不能自由流动,港资也不例外。

第三节　世界主要大湾区融合发展经验借鉴

当前全球知名的大湾区有美国的纽约湾区和旧金山湾区、日本东京湾区等,可以为粤港澳大湾区融合发展提供经验借鉴。

一、纽约湾区基本情况及融合机制

纽约湾区由美国东北部纽约州、康涅狄格州、新泽西州等 31 个县组成,面积达 3.3 万平方千米;人口 6 500 万,约占美国人口的 20%;城市化率达 90%,2015 年 GDP 为 1.5 万亿美元,人均 GDP 为 2.3 万美元。

纽约湾区是美国经济的核心地带,是世界金融中心、国际航运中心和商业中心。制造业产值占全美 30%,产业主要包括房地产、耐用材料、制药、服装、印刷、化妆品、机械、军工、石油和食品行业。

纽约湾区各地产业特色鲜明,其中纽约曼哈顿形成以金融商务服务业的产业集群区,是全球的金融和商务中心;康涅狄格州是全美最重要的制造业中心,同时也是对冲基金的聚集地;新泽西州制药业非常发达,列全美第一,此外还有发达的通信业。

美国纽约湾区的融合机制依赖于非政府的第三方跨区域协调系统——纽约区域规划协会(RPA)。RPA成立于1922年,是由企业、市民和社区领导者组成的非官方机构,至今已组织过四次跨区域规划,在跨区域规划和跨区域协调方面已成功进行了探索和实践,是非官方跨区域协调的典范。

二、旧金山湾区基本情况及融合机制

美国旧金山湾区地处加州的北部,包括9个县及上百个大小城镇,陆地面积达1.8万平方千米。人口约768万,2015年GDP为0.8万亿美元,人均GDP为10.5万美元。旧金山湾区是全球的高科技创新中心,科技创新的贡献约占湾区经济增长的一半,拥有著名的谷歌、苹果、脸书、特拉斯、惠普、思科和英特尔等知名企业,其中南湾的"硅谷"世界驰名。

区域内产业分工明确,旧金山市区是重要的贸易港,工商业发达,是美国西部最大的金融中心,高科技企业众多,大量尖端生物医药公司也落户旧金山市区;南湾以硅谷为主,云集了成千上万家高科技企业,涉及计算机、互联网、通信和新能源等行业。

旧金山湾区的融合模式是依赖于行政力量推动一体化进程,即通过政府协作组织推动区域融合发展。旧金山湾区于1961年成立了区域性地方政府协会(The Association of Bay Area Governments,ABAG),这个协会是一个正式的地方政府协作组织,也是综合的区域规划机构,承担协调各地方政府的行政职能。

三、东京湾区基本情况及融合机制

东京湾区位于日本本州岛关东平原南端,是一条南北长80千米、东西宽20~30千米的狭长地带,包括东京都、千叶县、神奈川县等,面积1.36万平方千米;人口2 600万,2015年GDP为1.3万亿美元,约占日本全国经济的1/3,人均GDP达3.7万美元。东京湾区是日本的政治、经济和产业中心,也是全球的金融中心之一。

东京湾区域分工为：东京以对外贸易、国际金融、精密仪器和高科技产品为主，全日本30%以上的银行总部、50%销售额超100亿日元的大公司总部设在东京。其他地区则涵盖了日本最重要的重化工工业基地。

东京湾融合发展机制的特色是鼓励要素自由流动，没有实质性协调机构，完全依赖市场机制推动区域融合发展。

第四节　广州与粤港澳大湾区融合发展的对策

一、以共同市场为目标升级湾区合作

从目前粤港澳大湾区经济合作情况看，在CEPA框架下大湾区合作已经接近自由贸易区。虽然粤港澳三方都能从中获益，但合作层次仍然较低。要实现服务业贸易和投资的自由化，尚面临一系列的障碍。因此，建立三地层次更高的类似欧洲共同市场的合作机制是提升的方向，即按照共同市场的要求升级三地经济合作协同机制，在区域内逐渐形成共通的资源配置机制和经济运作机制，从单一的产品合作、产业转移向要素流动、跨境服务、共同政策体系等方向扩展。

设立类似原欧共体欧洲理事会的大湾区理事会是推进湾区共同市场建设的重要一环。目前，行政区划障碍是粤港澳区域市场分割、市场机制不能在区域资源配置中充分发挥作用、区域内优势互补的产业分工难以形成的根本原因之一。其次，粤港澳体制不同，协调相对困难。因此，有必要设立权威性更强、约束性更强、执行力更强的、超脱于粤港澳三方之上的粤港澳湾区理事会（类似原欧共体欧洲理事会）。

二、探索进一步深化穗港澳经济合作的机制

深化穗港澳经济合作，在坚持互利共赢、平等协商、先易后难、循序渐进原则的基础上，应以"紧密合作区"的理论政策含义为指导，以提高增长质量和效益为核心，根据穗港澳制度、体制差异明显等现实，在构建粤港澳

大湾区目标指引下，要重点坚持以下几个原则。

一是坚持市场导向与政府推动相结合原则。经过三十多年的改革开放，广州已经基本建立了市场经济体制。在新一轮穗港澳经济合作发展中，加强与港澳成熟的市场经济制度与广州比较完善的市场经济体制的对接，确实发挥市场在经济协调发展发展中的基础性作用，以市场为导向推动区域经济的发展。与此同时，在遵循区域经济发展规律和市场机制的基础上，充分发挥政府的宏观指导和协调作用，从宏观上把握穗港澳经济合作，充分发挥三地政府在粤港澳大湾区建设中的统筹协调功能，完善区域要素市场，优化现代服务业合作发展环境。

二是坚持以企业为主体的原则。随着经济全球化进程加快、全球统一市场形成和科学技术日新月异，世界经济的竞争，归根到底是企业间的竞争。企业趋向集团化发展已逐步成为世界经济竞争中的重要形式。

三是坚持突出重点分类推进的原则。在深化粤港澳大湾区发展的过程中，三地政府要进行严格的规划和指导，有选择、有重点、分层次地参与和推进粤港澳大湾区的构建；要在CEPA框架内以合作体制、机制和载体创新为动力，推进现代服务业重点领域协调发展路径的改革与发展。广州要重点选择体现都市综合服务功能、具有广州综合优势以及发展潜力大、智力要素密集、产业关联带动效益强的功能性现代高端服务业，率先在体制和政策上创新与突破。同时，考虑到服务行业较多、性质不同的实际，要按照城市公用事业、社会公共服务事业、垄断经营性行业、高度竞争性行业等几大类别，区别不同发展导向，分类推进改革、合作发展，避免简单划一和"一刀切"。要正确处理好发展现代服务业与发展第一、第二产业的关系，正确处理好发展传统服务业和现代服务业的关系。

三、明确各自定位谋求差异化发展

1. 广州的定位

2016年，国务院批复《广州市城市总体规划（2011—2020年）》（简称《总体规划》）。《总体规划》明确，广州是我国重要的中心城市、国际商贸中心和综合交通枢纽。

从中可以看出，作为国家中心城市，《总体规划》要求广州一方面要提升自己的城市化质量和水平，另一方面要辐射周边地区和提升国际影响力。为实现以上目标，广州提出建设国际航运、国际航空、国际科技创新三大战略枢纽，形成新的发展动力源和增长极。系统推进高铁、地铁、城际轨道、高快速路网建设，形成四面八方、四通八达的大交通网络体系，建设国际综合交通枢纽。同时，加强城市信息网络建设，强化国际信息枢纽功能。坚持开放发展，加强国际交流和区域合作，构建全球城市网络重要节点。

对于粤港澳大湾区来说，广州的角色也是依据以上定位确定的。即广州作为粤港澳大湾区的核心城市之一，同时也是湾区的经济中心、国际商贸中心、交通枢纽和国际科技创新枢纽。

2. 香港的定位

长期以来中国香港发挥着祖国内地的窗口作用。20世纪80年代随着香港制造业转移到内地，香港来自广东的转口贸易快速发展，同期香港也成为广东发展的重要资金来源。2016年香港从内地进口贸易额为19 168亿港元，占香港总进口额的47.82%；2016年香港与内地转口贸易额19 249亿港元，占香港总转口额的54.29%。中国香港与内地的离岸贸易占香港总离岸贸易的1/5，2015年为544.26亿港元。[①] 以上数据显示，内地与香港的贸易对于双方都具有举足轻重的作用。

改革开放以来，香港依靠其成熟的金融市场和"一国两制"的优势，一直担当着内地引进外资的桥梁角色。而今，香港不仅是内地的筹资场所，更是发展离岸人民币的中心，担当着人民币国际化"试验田""桥头堡"的重要任务。随着人民币加入SDR（特别提款权），国际投资者扩大了对人民币的需求，香港人民币离岸市场正好可以满足这种需求。香港人民币离岸市场通过进一步发展和丰富多层次金融产品，包括离岸人民币外汇交易、人民币计价的各类衍生品，以推动人民币国际化进程。香港也将试验多个资本项目开放，为内地资本市场开放积累经验。

3. 澳门的定位

中国澳门长期以来发挥着"中国与葡语国家经贸合作服务平台"的独特作用。基于历史的渊源，澳门与人口2.6亿的葡语国家有着广泛的经贸联系。

---

① 香港特区政府统计处。

"中国—葡语国家经贸合作论坛"部长级会议自 2003 年以来先后在澳门举办了五次；同时，也于澳门设立了"论坛"的常设秘书处。近年来，中国与葡语国家的贸易合作日益深化。2002 年双边贸易额仅为 56 亿美元，2012 年已达近 1 300 亿美元，年均增长 37%；2016 年中国与葡语国家进出口商品总值 908.74 亿美元，其中中国自葡语国家进口 612.84 亿美元，对葡语国家出口 295.90 亿美元。[①]

中国澳门使用葡语，法律体系与葡语国家有相类似之处，长期以来与葡语国家形成了深厚联系，可以为葡语国家企业进入内地提供很大的便利。澳门可以作为葡语国家产品或服务进入内地市场的试点场所，便利企业更好地到内地开拓市场。

四、推动广州三大枢纽建设，促进湾区经济融合发展

1. 国际航运枢纽

自工业革命后，海运成为十分重要的运输方式。即便在今天，若不考虑时间因素，海运仍然是所有运输方式中最为经济的运输方式。一方面海运只需要建港口，比起公路和铁路运输节省了通道建设成本；另一方面海运装载量大，单位货运量成本相对较低。这也是今天全球经济发达的地方绝大多数位于海岸线边的原因，如纽约大湾区、东京大湾区等。因此，广州建设国际航运枢纽是广州当前和未来发展的战略选择，也是粤港澳大湾区整体对外经济交流的需要。随着 21 世纪海上丝绸之路建设的推进，广州港作为海上丝绸之路的重要节点，需要开辟更多面向海上丝绸之路国家和地区的新航线；另一方面，广州港也可以向内大力开拓与内地省份尤其是与泛珠三角省份，如湖南、江西、广西等地的货物运输业务。

2. 国际航空枢纽

从世界发展的视角看，航空属于交通运输领域的中高端市场，不论是航空客流还是航空货运都具有相对较高的附加值。据测算，全球航空货运量大概只占全球货运量的 0.5%，但贸易价值却占了 36%。对于广州这个以商贸流通业为基础的城市，发展航空市场具有提升区域产业和贸易结构的重要意

---

① 澳门贸易投资促进局网站。

义。广州具有全国三大航空枢纽之一的白云机场,从航线数量、国际化程度、旅客/货物运输量来看,广州白云机场都处于前列;尤其是针对东南亚、非洲的航线具有优势。不过对于粤港澳大湾区来说,广州白云机场也面临着竞争,尤其是附近的香港国际机场和深圳宝安机场。

3. 国际科技创新枢纽

近年,广州对外科技交流活动日益频繁,科技创新能力不断提升。一是打开国际科技合作新局面。继续推动与英国伯明翰大学、乌克兰国家科学院等政府间合作向纵深发展。二是推进穗港澳台科技交流合作。下一步,在粤港澳大湾区中,广州还需要进一步强化国际科技枢纽建设。一是继续扩大与港澳的科技创新合作。建立穗港澳台科技合作机制,着力构建粤港澳创新圈,加强与港澳台在科技研发与转化、知识产权、人才引进和培养、科技园区建设和运营等方面的合作。二是加强科技服务机构能力建设。引进一批国际及港澳科技服务机构;培育和扶植一批基础较好、能力较强、业绩显著、信誉优良的科技服务机构。三是进一步融入全球创新网络。推动与港澳、美欧、新加坡、以色列及"一带一路"沿线国家和地区在研发创新、教育培训、知识产权、新兴产业、科技金融等领域开展合作。

五、把南沙自贸片区建设成为粤港澳高水平合作平台

南沙自贸试验区位处粤港澳湾区枢纽位置,作为连接粤港澳的重要空间载体和制度高地,具有十分重要的战略价值。在南沙自贸试验区中可以大胆创新合作体制与机制,力争构造符合"一国两制"要求、与中国道路相适应、具有中国特色的区域协同发展新模式,从而使南沙自贸试验区真正成为粤港澳紧密合作示范区,成为粤港澳深化协同发展的突破口。

南沙、香港两地产业耦合度较高,具有很好的合作前提。双方的合作将一方面扩大香港服务业市场,如金融业、物流业、各类专业服务业都等可以在南沙找到新的市场和商机;另一方面,由于香港服务业专业化程度高,对南沙制造业的发展也起到了很好的促进作用。因此,南沙、香港两地服务业合作将增进双方的利益。

南沙自贸片区挂牌以来,与港澳合作已取得显著绩效:(1)招商引资方面。截至 2016 年 12 月,南沙落户港澳投资企业共有 952 家,总投资额约

148.24亿美元。在总部经济方面,香港新地、珠江船务、粤海、新滔等投资性公司已落户,总注册资本4.16亿美元;平谦香港、中银通、珠江电力燃料、天创时尚鞋业、方兴地产等多家港资企业区域销售与运营总部项目已落户,国际时尚文化总部基地已开工建设。(2)共建科技创新创业中心。香港科大霍英东研究院设有4个研发部和16个研发中心,已承担973、863、国家自然科学基金和商业合作项目近400项,被国家科技部认定为"国际科技合作基地",被广东省科技厅认定为"粤港产学研集合科技创新平台"。(3)粤港澳金融创新。港澳企业积极参与自贸区金融创新,全区210家融资租赁企业中,港澳企业共149家,占比70.95%。

参考文献

[1] 白俊红. 协同创新、空间关联与区域创新绩效 [J]. 经济研究, 2015 (7).

[2] 陈广汉, 等. 粤港澳经济关系走向研究 [M]. 广州: 广东人民出版社, 2006.

[3] 陈广汉. 推进粤港澳经济一体化研究 [J]. 珠江经济 2010 (8).

[4] 陈杰英. 广东加工贸易企业转型升级战略研究 [J]. 企业经济, 2012 (8).

[5] 陈耀."一带一路"战略的核心内涵与推进思路 [J]. 中国发展观察, 2015 (1).

[6] 冯邦彦, 覃剑, 彭薇."先行先试"政策下深化粤港金融合作研究 [J]. 暨南学报 (哲学社会科学版), 2012 (3).

[7] 关红玲. 区域经济一体化中粤港服务业合作的现状与障碍 [J]. 当代港澳研究, 2010 (1).

[8] 蒋志刚."一带一路"建设中的金融支持主导作用 [J]. 国际经济合作, 2014 (9).

[9] 郭丽娟, 等. 简约指标体系下的区域创新能力评价——基于主基底变量筛选和主成分分析方法 [J]. 系统工程, 2011 (7).

[10] 胡鞍钢, 吴群刚. 中国经济体制改革的回顾与展望[EB/OL]. http://zhangsir.neyc.cn/Article/Class4/Class15/Class19/200310/192.html.

[11] 何圣, 王菊芬. 改革开放后北京、上海、广州对流动人口的经济拉力因素的分析 [J]. 西北人口, 2007 (3).

[12] 何传添. 粤港澳紧密合作区: 内涵、思路与路径 [J]. 特区经济, 2009 (6).

[13] 何传添. 广东发展现代服务业的基础与路径 [J]. 国际经贸探索, 2010 (10).

[14] 黄亮雄. 21 世纪海上丝绸之路（广东）国际智库论坛会议综述 [J]. 战略决策研究, 2016 (4).

[15] 郝书池, 姜燕宁. 全球化背景下城市国际化水平评价指标体系及实证研究 [J]. 重庆交通大学学报（社会科学版）, 2011 (11).

[16] 冯南平, 等. 我国区域创新要素集聚水平及发展重点分析 [J]. 华东经济管理, 2016 (9).

[17] 广州市商务委员会. 广州现代服务业发展概况 [M]. 北京: 光明日报出版社, 2017.

[18] 广州市工业和信息化委员会. 广州现代工业和信息化服务业 [M]. 北京: 光明日报出版社, 2017.

[19] 金玉国. 宏观制度变迁对转型时期中国经济增长的贡献 [J]. 财经科学, 2001 (2).

[20] 江小涓, 杨圣明, 冯雷. 中国对外经贸理论前沿Ⅱ [M]. 北京: 社会科学文献出版社, 2001.

[21] 科斯, 等. 财产权利与制度变迁——产权学派与新制度学派论文集 [M]. 上海: 上海三联书店, 1991.

[22] 柯武刚, 史漫飞, 著, 韩朝华, 译. 制度经济学: 社会秩序与公共政策 [M]. 北京: 商务印书馆, 2000.

[23] 梁庆寅, 陈广汉. 粤港澳区域合作与发展报告（2011 版 2010 - 2011）[M]. 北京: 社会科学文献出版社, 2011.

[24] 卢现祥. 西方新制度经济学 [M]. 北京: 中国发展出版社, 2008.

[25] 刘明兴. 中国的外贸体制改革综述 [EB/OL]. http://www.xslx.com/htm/jjlc/lljj/2004 - 03 - 11 - 16287.htm.

[26] 卢现祥. 加入 WTO 后我国体制演进的新趋势 [J]. 经济学动态, 2003 (8).

[27] 李湘滇. 广州跨境电商模式分析 [J]. 当代经济, 2015 (5).

[28] 李晓, 李俊久. "一带一路"与中国地缘政治经济战略的重构 [J]. 世界经济与政治, 2015 (10).

[29] 李鲁云. 推进粤港澳紧密合作融合发展的若干思考 [J]. 广东经

济，2009（4）．

［30］李俊．中国经济国际化现状评估与路径建议［J］．国际经济合作，2011（8）．

［31］李有刚．香港科技创新与发展的驱动力分析和启示——基于对香港创新及科技基金的研究［J］．东南亚纵横，2013（4）．

［32］李铁成，刘力．广州战略性主导产业的选择及发展策略研究——基于产业结构演变与产业关联的视角［J］．产业经济评论，2015（2）．

［33］李江涛．广州蓝皮书：广州商贸业发展报告（2016）［M］．北京：社科文献出版社，2016．

［34］刘京华．广交会发展中存在的问题及转型之路［J］．对外贸易实务，2015（5）．

［35］刘艳春，等．中国区域创新绩效评价的影响因素研究——基于面板数据空间杜宾模型计量分析［J］．工业技术经济，2016（10）．

［36］梁庆寅，陈广汉．粤港澳区域合作与发展报告（2010－2011）［M］．北京：社会科学文献出版社，2011．

［37］吕国庆，等．经济地理学视角下区域创新网络的研究综述［J］．经济地理，2014（2）．

［38］罗开利．广州国家中心城市开放型经济体制转型升级问题研究［J］．特区经济，2014（7）．

［39］胡霞，魏作磊．广东服务业发展的国内外比较［J］．广东行政学院学报，2009（6）．

［40］毛艳华．产业分工、区域合作与港澳经济转型［J］．北京：中国社会科学出版社，2010．

［41］毛艳华．区域创新系统的内涵及其政策含义［J］．经济学家，2007（3）．

［42］诺斯．经济史上的结构和变革［M］．北京：商务印书馆，2004．

［43］盛斌．WTO体制、规则与谈判：一个博弈论的经济分析［J］．世界经济，2001（12）．

［44］申现杰，肖金成．国际区域经济合作新形势与我国"一带一路"合作战略［J］．宏观经济研究，2014（11）．

［45］盛毅，余海燕，岳朝敏．关于"一带一路"战略内涵、特性及战

略重点综述［J］. 经济体制改革, 2015（1）.

［46］庞彩霞. 2016年广州跨境电商总值领跑全国［J］. 经济日报, 2017 - 2 - 16.

［47］舒尔茨. 制度与人的经济价值的不断提高, 财产权利与制度变迁［M］. 上海：上海三联书店, 上海人民出版社, 1994.

［48］沈克华, 彭羽. 离岸贸易与香港国际贸易中心地位的演变——兼论对上海国际贸易中心建设的启示［J］. 亚太经济, 2013（5）.

［49］屠启宇. 国家、市场与制度——国际制度论述评［J］. 世界经济与政治, 1997（8）.

［50］佟家栋, 李连庆. 贸易政策透明度与贸易便利化影响——基于可计算一般均衡模型的分析［J］. 南开经济研究, 2014（4）.

［51］唐国兴, 段杰. 深港生产性服务业合作发展［J］. 经济地理, 2008（4）.

［52］谭俊涛等. 中国区域创新绩效时空演变特征及其影响因素研究［J］. 地理科学, 2015（9）.

［53］吴士存. 21世纪海上丝绸之路与中国—东盟合作［M］. 南京：南京大学出版社, 2016.

［54］王帅, 陈忠暖. 近十年广州市产业结构及经济职能变动分析［J］. 华南师范大学学报（自然科学版）, 2014（10）.

［55］汪戎, 李波. 贸易便利化与出口多样化：微观机理与跨国证据［J］. 国际贸易问题, 2015（3）.

［56］徐咏虹. 广州蓝皮书：广州文化创意产业发展报告（2016）［M］. 北京：社科文献出版社, 2016.

［57］杨再高, 冯兴亚. 广州蓝皮书：广州汽车产业发展报告（2016）［M］. 北京：社科文献出版社, 2016.

［58］杨军. 贸易便利化对中国经济影响分析［J］. 国际贸易问题, 2015（9）.

［59］杨广丽. 大力发展离岸贸易、加快广东自贸区服务功能升级［J］. 广东经济, 2015（9）.

［60］姚宜. 21世纪海上丝路建设背景下的广州文化对外开放战略重点思考［J］. 城市观察, 2015（1）.

[61] 易斌,于涛,翟国方.城市国际化水平综合评价体系构建与实证研究[J].经济地理,2013(9).

[62] 庾建设,陈浩钿,谢博能.2016年中国广州经济形势分析与预测(广州蓝皮书)[M].北京:社会科学文献出版社,2016.

[63] 颜莉.我国区域创新效率评价指标体系实证研究[J].管理世界,2012(5).

[64] 姚华松,许学强,薛德升.广州流动人口形成背景及特征分析[J].热带地理,2009(4).

[65] 姚一民.促进广州加工贸易进一步发展的对策建议[J].特区经济,2016(6).

[66] 袁亚忠,章晓檀.广州政府主导型展会发展现状与提升对策[J].旅游论坛,2013(3).

[67] 袁钟仁.广州海上丝绸之路[M].广州:广东人民出版社,2016.

[68] 薛荣久.我国"开放型经济体系"探究[J].国际贸易,2007(12).

[69] 周少芳,谢璇.港协同发展现代服务业的基础探析[J].特区经济,2011(5).

[70] 张强,李江涛.以国际商贸中心引领广州国家中心城市建设的战略研究[J].城市观察,2011(4).

[71] 曾昭钦,等.实体产业升级与虚拟服务经济融合——广东创新型经济研究[J].财经理论研究,2016(8).

[72] 张幼文,等.跨越时空:入世后改革开放的新阶段[M].上海,北京:上海社科院,高等教育出版社,2001.

[73] 张幼文.中国开放经济发展的新阶段[J].毛泽东邓小平理论研究,2007(2).

[74] 左连村,贾宁.借鉴国际经验推进粤港澳大都市圈发展[J].国际经贸探索,2011(7).

[75] 左连村,廖喆.粤港澳联合创新区研究[J].产经评论,2010(1).

[76] 左连村.CEPA条件下内地与香港经贸关系的发展[J].学术研究,2006(2).

[77] 钟韵.基于企业视角的粤港服务业合作[J].广东社会科学,2011(2).

[78] 朱名宏, 欧江波. 广州蓝皮书: 广州经济发展报告 (2016) [M]. 北京: 社科文献出版社, 2016.

[79] Ananta Kumar Giri. Cosmopolitanism and Beyond: Towards a Multiverse of Transformations [J]. Development and Change, 2006, 37 (6): 1277 – 1292.

[80] Allan Drazen. Self-Fulfilling Optimism in a Trade-Friction Model of the Business Cycle [J]. The American Economic Review, Vol. 78, No. 2, 1988, pp. 369 – 372

[81] Andreas Hasenclever, Peter Mayer and Volker Rittberger. Theory of International Regimes [M]. NewYork: Cambridge University Press, 1997.

[82] Brenda S. A. Yeoh, T. C. Chang. Globalising Singapore: Debating Transnational Flows in the City [J]. Urban Studies, 2001, 38 (7): 1025 – 1044.

[83] Cooke, Philip. The role of research in regional innovation systems: new models meeting knowledge economy demands [J]. International Journal of Technology Management. 2004, Vol. 28 Issue 3 – 6, pp. 507 – 533.

[84] Coase, R. H. The Nature of the Firm, In The Firm, the Market, and the Law [M]. Chicago: The University of Chicago Press. 1988.

[85] Cary Coglianese. Globalization and the Design of International Institutions [R]. In Joseph Nye and John Donahue ed. Governace in Globalizing World, 1999.

[86] Carmen Dolores Álvarez-Albelo and Fernando Perera-Tallo. The Transmission of Sustained Growth through the Terms of Trade in an Endogenous Growth Model [J]. Review of Development Economics, 2008 (12), 386 – 396.

[87] Craig Young, Martina Diep, Stephanie Drabble. Living with Difference? The "Cosmopolitan City" and Urban Reimaging in Manchester, UK [J]. Urban Studies, 2006, 43 (10): 1687 – 1714.

[88] Dunning, J. H. Explaining the International Direct Investment Position of Countries: Toward a Dynamic or Development Approach [J]. Review ofWorld Economics, 1981, 117 (1): 30 – 64.

[89] David Geece, Gary Pisano. Amy Shuen. Dynamic Capabilities and Strategy Management [J]. Strategic Management Journal, 1997, 18 (7): 17 – 19.

[90] Gregory C. Chow. China's economy: reform and perspectives [R]. ht-

tp://www. mangren. com/ school/ list. asp? kindid =3, 1999.

[91] Gereef I G, Humphery J, Sturgeon G. The Governance of Global Value Chains [R]. Duke University Working paper, 2003.

[92] Humphrey J, Schmitz H. Governance and Upgrading: Linking Industrial Cluster and Global Value Chain Research [R]. IDS Working Paper No. 120. Brighton: Institute of Development Studies, University of Sussex, 2000.

[93] Loan M. Ciumasu, Keith Culver. Ecocities in a globalized future from Constantinopolis to "Cosmopolis" [C]. ISEE2011 "Advancing Ecological Economics Theory and Practice". The 9th International Conference of the European Society of Ecological Economics, 2011 (6).

[94] MinXin Pei. Future Shock: the WTO and Political Change in China [J]. Policy Brief, 2001 (8).

[95] Paul Wachtel. America anticipating will deepen Sino US trade friction [EB/OL]. 2010, http://Latinoinauguralgala2009. com/2010/12.

[96] Peter O. Muller. The suburban transformation of the globalizing American city [C]. The ANNALS of the American Academy of Political and Social Science, 1997: 44.

[97] Ryuzo Sato. Trade Friction And Economic Policy-Problems And Prospects For Japan And The United States [M]. Cambridge University Press, 2009.

[98] Xin Zhang. Distribution Rights in China: Regulatory Barriers and Reform in the WTO Context [J]. Journal of World trade. 2001, Vol. 35, No. 6.